Antje Reichert

Retention Management von High- und Top-Potentials

Ableitung von langfristigen
Bindungsstrategien für Unternehmen
aus nachhaltigen Bindungselementen
in Paarbeziehungen

Reichert, Antje: Retention Management von High- und Top-Potentials: Ableitung von langfristigen Bindungsstrategien für Unternehmen aus nachhaltigen Bindungselementen in Paarbeziehungen, Hamburg, Igel Verlag RWS 2014

Buch-ISBN: 978-3-95485-174-4
PDF-eBook-ISBN: 978-3-95485-674-9
Druck/Herstellung: Igel Verlag RWS, Hamburg, 2014

Bibliografische Information der Deutschen Nationalbibliothek:
Die Deutsche Nationalbibliothek verzeichnet diese Publikation in der Deutschen Nationalbibliografie; detaillierte bibliografische Daten sind im Internet über http://dnb.d-nb.de abrufbar.

Für Rückfragen, Kommentare und Anmerkungen steht die Autorin jederzeit gern unter antje.reichert@yahoo.de zur Verfügung.

© Igel Verlag RWS, Imprint der Diplomica Verlag GmbH
Hermannstal 119k, 22119 Hamburg
http://www.diplomica.de, Hamburg 2014
Printed in Germany

Inhaltsverzeichnis

Abbildungsverzeichnis II

1 Problemstellung und Zielsetzung 1

2 Grundlagen 4

   2.1 Methodik und Aufbau 4

   2.2 Definition fundamentaler Begriffe 8

3 Der Status quo: Bindung aus wissenschaftlicher Sicht 16

   3.1 Die Paarbeziehung 16

      3.1.1 Aufbau sozialer Netzwerke 16

      3.1.2 Gestaltung von Paarbeziehungen 20

      3.1.3 Auflösung von Partnerschaften 23

   3.2 Soziale Bindungen im beruflichen Umfeld 27

4 Transfer von Bindungselementen in Paarbeziehungen auf die
betriebliche Praxis 39

   4.1 Verknüpfung von Paarbeziehung und Retention Management 39

      4.1.1 Vor der Einstellung von High- und Top-Potentials 39

      4.1.2 Während der Beschäftigung 42

      4.1.3 Auflösung von Arbeitsverhältnissen zu High- und Top-
Potentials 49

   4.2 Hindernisse und Barrieren 56

5 Implementierung von nachhaltigen Bindungsstrategien für High- und
Top-Potentials 61

   5.1 Voraussetzungen und Vorgehensweise im Change-Prozess 61

   5.2 Besonders zu berücksichtigende Faktoren 66

      5.2.1 Werteentwicklung und -wandel 66

      5.2.1 Einflüsse der demografischen Entwicklung 68

6 Zusammenfassung und Ausblick 71

Literaturverzeichnis 73

Abbildungsverzeichnis

Abb. 1: Überblick über den Aufbau der Arbeit.. 5

Abb. 2: Bandbreite der Potenzialanalyse 11

Abb. 3: Arten von Beziehungen.. 13

Abb. 4: Entstehung von Bindungsstil und Charakter.................................. 16

Abb. 5: Der Mensch als Beziehungswesen.. 18

Abb. 6: Bindungen in Partnerschaften... 20

Abb. 7: Prozess der Auflösung einer Partnerschaft 23

Abb. 8: Zufriedenheits-Loyalitäts-Beziehungen von Mitarbeitern 29

Abb. 9: Motivationspyramide nach Maslow.. 34

Abb. 10: Folgen fehlender Zufriedenheit 36

Abb. 11: Bindungsstile von High- und Top-Potentials............................... 42

Abb. 12: Alarmsignale der Trennungsphase vom Arbeitgeber 49

Abb. 13: Hindernisse / Barrieren bei der Verknüpfung der Theorien......... 56

Abb. 14: Maßnahmen im Change-Prozess 61

Abb. 15: Empirisch ermittelte Wertpräferenzen 67

Abb. 16: Handlungsfelder demografiebewussten Personalmanagements............... 69

1 Problemstellung und Zielsetzung

Die deutschen Unternehmen stehen mehr denn je unter Druck: von der Globalisierung und dem damit einhergehenden verstärkten Wettbewerb, über den Klimawandel und die demografischen Veränderungen bis hin zu den nötigen technologischen Transformationen. Dass das Humankapital für diese Herausforderungen einen entscheidenden Erfolgsfaktor darstellt, ist seit Jahren keine Überraschung mehr. Darüber hinaus spielen soft facts wie Führung, Motivation, Verantwortung und Kooperation eine essentielle Rolle. Der Untersuchungsgegenstand dieser Arbeit ist das Problem des Retention Managements von High- und Top-Potentials. Diese Mitarbeitergruppe ist qualifiziert, talentiert und hoch arbeitsmarktfähig. Es besteht eine erhebliche Nachfrage nach diesen Angestellten, jedoch ist das Angebot an fähigen Fach- und Führungskräften sehr gering. Aufgrund dieser Diskrepanz auf dem Arbeitsmarkt sowie dem individuellen Wissensvorsprung ist für High- und Top-Potentials der gängige Wunsch nach Arbeitsplatzsicherheit oft nachrangig und dies erschwert dem Arbeitgeber die Bindung dieser kompetenten Mitarbeiter. Diese Tendenz wird durch die demografische Entwicklung in den nächsten Jahren noch weiter verstärkt werden. Die High- und Top-Potentials treten darüber hinaus selbstbewusst auf und sind sich ihres Marktwertes durchaus bewusst.

Als Folge dieses Ungleichgewichts stellen sie gegenüber dem Arbeitgeber selbstsicher Forderungen. Sie geben sich im Arbeitsalltag und im Verlauf der Karriere selten mit Kompromissen zufrieden. Sie verhalten sich opportunistisch und sind auf ihren eigenen Vorteil bedacht. Vor diesem Hintergrund sind High- und Top-Potentials auch tendenziell offen für Alternativangebote von Headhuntern, die in der Regel mit einem Zusatzbonus verbunden sind, wenn es zu einem Arbeitgeberwechsel kommt. Zu diesen Faktoren, die den Wechsel in ein anderes Unternehmen erleichtern sollen, gehören zum Beispiel ein Firmenwagen, eine Gehaltssteigerung, ein Home Office, eine Führungsaufgabe oder auch die Möglichkeit, Überstunden mit einem Sabbatjahr auszugleichen.[1]

Das Ziel dieser Arbeit ist es, für dieses besondere Mitarbeiterklientel der High- und Top-Potentials außergewöhnliche Strategien zu entwickeln, um diese an das

---

[1] Vgl. Gayk (2002), S. 26.

Unternehmen zu binden. Die Lösung hierfür soll die Verknüpfung des Retention Managements mit der stabilsten und wertvollsten Bindung von Menschen sein: der Paarbeziehung. Diese wird für die meisten Menschen als essentielle Grundlage ihrer Lebensgestaltung angesehen. Dies wird vor allem deutlich, wenn die negativen Konsequenzen und die psychischen Belastungen von Personen betrachtet werden, denen soziale Kontakte fehlen.

Im Rahmen der Arbeit wird analysiert, inwiefern Elemente der Paarbeziehung auf die betriebliche Praxis und auf das Verhältnis von Arbeitnehmer zu Arbeitgeber übertragbar sind. Es wird geklärt, welche Voraussetzungen erfüllt sein müssen, um die einzelnen Strategien in die Praxis umzusetzen und wie der Change-Prozess implementiert werden kann. Darüber hinaus wird geprüft, ob es sich um ein branchenspezifisches Problem handelt oder inwiefern die entwickelten Lösungsalternativen branchenübergreifend Anwendung finden können. Die Arbeit stellt mitarbeiterorientierte Unternehmensführung an High- und Top-Potentials exemplarisch dar. In der Theorie soll sie einen Beitrag leisten zur Untersuchung der Gültigkeit universalistischer und partikularistischer Konzepte. Zusätzlich soll die Arbeit auf politischer Ebene zur Diskussion über mitarbeiterorientierte Führung und Personalentwicklung anregen.

Die Verknüpfung von psychologischen Theorien zur Paarbeziehung mit Modellen der Personalbindung ist - nach eigenen Ermittlungen - bisher nicht untersucht worden. Im Rahmen der Recherche zu dieser Arbeit konnte keine Quelle beide Segmente bedienen. Zwar sind die einzelnen Themen bereits weitreichend erforscht und analysiert worden – jedoch fehlt der Bezug zueinander. Das heißt, zu dem zentralen Forschungsgegenstand dieser Arbeit sind bisher keine Untersuchungsergebnisse vorhanden. Insgesamt ist jedoch in einem so großen Umfang bereits Literatur über Bindungstheorien existent, dass das empirische Material ausreicht, um verallgemeinernde Aussagen zu ermöglichen. Die Verknüpfung von Paar- und Personalbindung ist gerade in der heutigen Zeit - in der jedes Individuum auf der Suche nach einem sinnvollen und erfüllten Leben ist - sehr naheliegend, denn Bindung und Sicherheit gewinnen für Arbeitgeber und auch für den durchschnittlichen Arbeitnehmer an Bedeutung.[2] High- und Top-Potentials sind hingegen auf diesen Schutz aufgrund ihrer individuellen Fähigkeiten und Kenntnisse nur sekundär angewiesen. Die Definition der Persönlichkeit und des

---

[2] Vgl. Dornes (2000), S. 37.

2

Lebensstandards wird gerade für die Gruppe der elitären Leistungsträger mehr und mehr durch die berufliche Stellung geprägt.

Im Rahmen dieser Arbeit wird erstmalig geprüft, ob die Themen Paarbindung und Retention Management miteinander in Beziehung gebracht werden können. Es wird geklärt, welche Ergebnisse die Modelle sozialer Beziehungen für Arbeitgeber bereithalten und welche Strategien sich ableiten lassen, um hochqualifizierte Mitarbeiter langfristig zu motivieren und im Unternehmen zu halten.

2 Grundlagen

2.1 Methodik und Aufbau

Diese Arbeit widmet sich der Entwicklung von praxisnahen Lösungsstrategien für ein betriebliches Problem: nur wenn talentierte und qualifizierte Mitarbeiter stabil an ihren Arbeitgeber gebunden sind, bleiben sie diesem langfristig erhalten, sind zufrieden und erbringen entsprechende Leistungen. Den wissenschaftlichen Rahmen dafür schaffen erstmalig psychologische Theorien zur Paarbindung.

Die methodische Grundlage für die folgende Ausarbeitung bildet die qualitative Inhaltsanalyse als Methode der empirischen Sozialwissenschaften. Gegenstand ist dabei die Untersuchung der Inhalte von Kommunikation, die in Form von Texten vorliegen (zum Beispiel als verschriftlichte Interviews, Zeitungsartikel oder Fachbücher).[3] Bei der Auswahl des Datenmaterials wurden folgende Aspekte besonders berücksichtigt:

⇒ Fokussierung auf etablierte, bekannte Autoren und Herausgeber, die sich seit Jahren auf wissenschaftlicher Basis mit den jeweiligen Themen (Theorien zur Paarbindung, Retention Management) auseinandersetzen

⇒ Reliabilitätsprüfung der verwendeten Theorien und Modelle durch eine sehr umfangreiche Literaturrecherche

⇒ Berücksichtigung schulpsychologischer und psychotherapeutischer Lehrbücher sowie Fachzeitschriften

⇒ Priorisierung klassischer Modelle und aktueller empirischer Daten

Um die praktische Relevanz der Arbeit zu erreichen, ist es notwendig, aktiv in Problemlösungsprozesse in der betrieblichen Praxis involviert zu sein, um diese zu erleben. Diese Voraussetzung ist gegeben, da die Arbeit während des Einsatzes in der „Strategischen Personalarbeit" in einem deutschen Großkonzern entstand und sich die Ideen auch aus einem regen Austausch mit Führungskräften und Personalverantwortlichen entwickelten. Darüber hinaus konnten eigene Erkenntnisse aus der mehrjährigen Berufserfahrung Berücksichtigung finden. Wie der

---

[3] Vgl. Zimbardo & Gerrig (2004), S. 26.

nachfolgenden Grafik zu entnehmen ist, erfolgt der inhaltliche Aufbau der Arbeit in sechs Schritten:

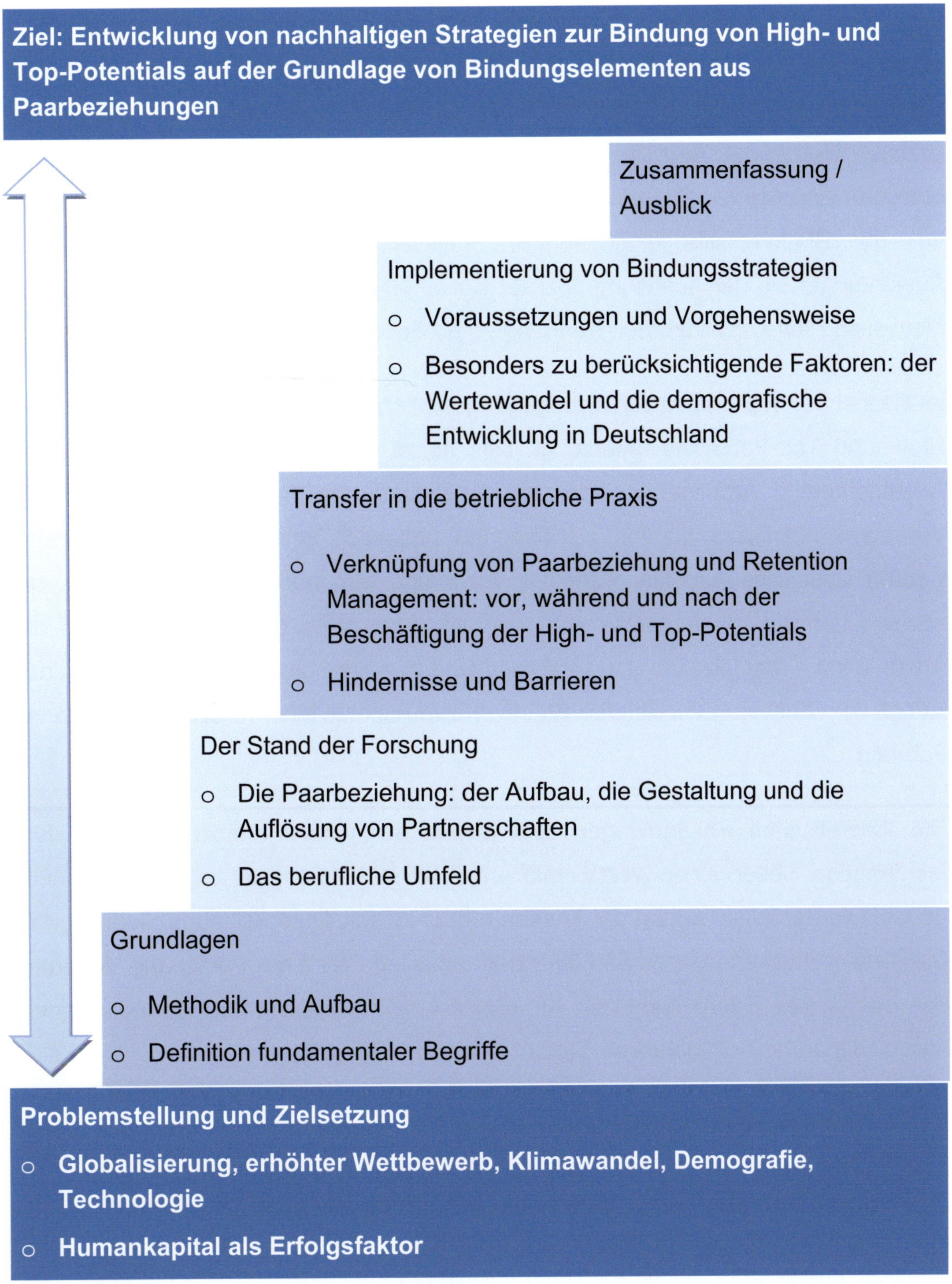

Ziel: Entwicklung von nachhaltigen Strategien zur Bindung von High- und Top-Potentials auf der Grundlage von Bindungselementen aus Paarbeziehungen

Zusammenfassung / Ausblick

Implementierung von Bindungsstrategien
- o Voraussetzungen und Vorgehensweise
- o Besonders zu berücksichtigende Faktoren: der Wertewandel und die demografische Entwicklung in Deutschland

Transfer in die betriebliche Praxis
- o Verknüpfung von Paarbeziehung und Retention Management: vor, während und nach der Beschäftigung der High- und Top-Potentials
- o Hindernisse und Barrieren

Der Stand der Forschung
- o Die Paarbeziehung: der Aufbau, die Gestaltung und die Auflösung von Partnerschaften
- o Das berufliche Umfeld

Grundlagen
- o Methodik und Aufbau
- o Definition fundamentaler Begriffe

Problemstellung und Zielsetzung
- o **Globalisierung, erhöhter Wettbewerb, Klimawandel, Demografie, Technologie**
- o **Humankapital als Erfolgsfaktor**

Abb. 1: Überblick über den Aufbau der Arbeit
Quelle: Eigene Darstellung.

Nachdem bereits im ersten Abschnitt die Problemstellung und die Ziele der Arbeit benannt wurden, wird der Titel der Arbeit im Kapitel 2.2 begrifflich definiert, um ein einheitliches Grundverständnis für die folgenden Ausführungen zu schaffen. Daraufhin wird auf den Status quo der wissenschaftlichen Untersuchungen eingegangen. Die Abhandlungen entsprechen der Entwicklung und dem zeitlichen Verlauf von zwischenmenschlichen Bindungen. So wird im Kapitel 3.1.1 der Aufbau sozialer Netzwerke detaillierter beleuchtet. Im zweiten Schritt werden bereits etablierte Aspekte zur Gestaltung von Bindungen beschrieben, dabei wird vor allem auf die Bindungsstile eingegangen. Schliesslich folgen im Abschnitt 3.1.3 Ausführungen zu der Auflösung sozialer Beziehungen, um zu ermitteln, mit welcher Motivation Paare sich zu einer Trennung entschliessen.

Im Kapitel 3.2 wird analog zur vorangegangenen Methode das berufliche Umfeld von High- und Top-Potentials untersucht. Das heisst von der Entscheidung für einen Arbeitnehmer / Arbeitgeber, über die Gestaltung der Beziehung während des Vertragsverhältnisses bis hin zu Theorien bezüglich eines Arbeitgeberwechsels werden klassische Aspekte dargelegt. Allerdings wird nur ein Überblick über die wissenschaftlichen Untersuchungen gegeben, denn diese sind für den Verlauf der Arbeit keine Grundlage um neue Personalbindungsstrategien abzuleiten. Sie dienen jedoch dem besseren Verständnis für innovative Aspekte einer mitarbeiterorientierten Führung.

Die theoretischen Abhandlungen sind jeweils so gehalten, dass sie auch dem fachfremden Leser einen verständlichen Einblick in die grundlegenden Modelle geben. Die Berücksichtigung der Thesen erhebt keinen Anspruch auf Vollständigkeit. Sie bietet jedoch ein rundes Bild über den aktuellen Stand der Forschung. Aufgrund der begrenzten Bearbeitungszeit für diese Arbeit wurden verschiedene Aspekte vollständig außer Acht gelassen. Dazu zählen zum Beispiel:

⇒ frühkindliche Bindungstheorien

⇒ geschlechtsspezifische Unterschiede zwischen den jeweiligen Partnern

⇒ kulturelle und religiöse Einflüsse auf soziale Bindungen

Die vorgenannten Punkte sollten in einer weiterführenden Analyse recherchiert werden.

Im vierten Kapitel erfolgt dann die Verknüpfung von Paar- und Personalbindung und die Übertragung der genannten Paarbindungstheorien auf das Retention Management. Es werden Gemeinsamkeiten wie auch charakteristische Unterscheidungsmerkmale benannt. In Anlehnung an den Aufbau der bisherigen Arbeit erfolgt daraufhin der Transfer von neuen Aspekten der Personalbindung vor, während und nach dem Vertragsverhältnis mit dem Mitarbeiter. Aus diesen Hypothesen werden im Anschluss Maßnahmen zur Personalbindung von High- und Top-Potentials auf der Grundlage psychologischer Elemente aus Paarbeziehungen abgeleitet. Schließlich wird die Übertragung von Paarbindungstheorien auf das Retention Management kritisch hinterfragt und es wird auf die Grenzen des Transfers eingegangen.

Darauf aufbauend wird beschrieben, wie die abgeleiteten neuen Bindungsstrategien für High- und Top-Potentials im Unternehmen implementiert werden können und welche Voraussetzungen für den Change-Prozess erfüllt sein müssen. In diesem Zusammenhang werden die besonders zu berücksichtigenden Faktoren separat dargestellt. Dazu zählen einerseits der gesellschaftliche Wertewandel hin zur Individualisierung und andererseits die demografische Entwicklung in Deutschland. Schliesslich werden im letzten Kapitel die wichtigsten Aspekte der Arbeit zusammengefasst und es wird ein Ausblick für die Zukunft gegeben.

2.2 Definition fundamentaler Begriffe

In diesem Kapitel werden zunächst die im Titel der Arbeit verwendeten Begriffe bestimmt, um eine einheitliche Basis für den Fortgang der Ausführungen zu schaffen. Im Fokus steht dabei an erster Stelle das **Retention Management**, welches synonym verwendet werden kann mit:

⇒ Identifikation,

⇒ Integration,

⇒ Mitarbeiterbindung,

⇒ Personalbindung,

⇒ Personalerhaltung,

⇒ Attraction,

⇒ Commitment,

⇒ Relationship,

⇒ Retainment,

⇒ Staff Retention.

Retention Management verfolgt das Ziel, die jeweilige „Verweildauer der geschätzten Beschäftigten im Unternehmen (zu) intensivieren und (zu) verlängern".[4] Eine wesentliche Voraussetzung für diese Integration des einzelnen Mitarbeiters in das Unternehmen ist eine hohe Identifizierung mit den Zielen und Leitbildern des Arbeitgebers.[5] Für die Praxis bedeutet dies, den „Mitarbeiter optimal in ein Beziehungsgeflecht einzubinden, das er letzten Endes nicht verlassen möchte, weil er sich dort wohlfühlt".[6] Mitarbeiterbindung geht demzufolge weit über die Bekämpfung der reinen Abwanderung von Angestellten hinaus.

---

[4] Vgl. Bröckermann (2003), S. 18.
[5] Vgl. Towers Perrin (2008), S. 16.
[6] Bröckermann & Pepels (2004), S. 103.

Aus wirtschaftlichen Gesichtspunkten ist es jedoch so, dass der Arbeitgeber nur ausgewählte Mitarbeiter im Unternehmen halten möchte: die **High- und Top-Potentials**, denn diese sind nicht beliebig austauschbar. Für diese Mitarbeitergruppen existieren in der Literatur wie auch in der betrieblichen Praxis keine einheitlichen Definitionen. Die Erfahrung zeigt, dass die jeweiligen Charakteristika, die einen Mitarbeiter zum High- oder Top-Potential machen auch sehr branchenspezifisch sind. Allen gemein ist, dass es sich um Mitarbeiter handelt, die höchst arbeitsmarktfähig sind und sehr gut über das Geschehen im Unternehmen informiert sind.[7]

Beispiele für Definitionen dieser elitären Mitarbeitergruppe sind:

⇒ „High Potential: aus dem Englischen: hohes Potential. Gemeint ist eine Nachwuchskraft mit großem Entwicklungspotenzial. High Potentials haben nicht nur einen vorzüglichen Studienabschluss vorzuweisen, sondern auch Praxiserfahrung und ausgezeichnete Fremdsprachkenntnisse. Außerdem sollen sie charakterlich für spätere Führungsaufgaben prädestiniert sein, das heißt, man verlangt von ihnen Teamfähigkeit, Kreativität und Kommunikationsstärke."[8]

⇒ „Als high Potentials werden hoch begabte Frauen und Männer bezeichnet, die sich nicht nur durch ihre fachliche Qualifikation, sondern vor allem durch ihr soziales Verhalten und ihr Engagement positiv aus der grossen Masse herausheben. (…) In einigen Grossunternehmen werden (…) die Allerbesten, die ‚Überflieger', nämlich jene Männer und Frauen als High Potentials gesehen, die schon herausragende Leistungen bewiesen haben und zur Top-Auswahl für Spitzenaufgaben in der Unternehmensführung zählen – eben die besonderen Juwelen des Hauses."[9]

---

[7] Vgl. Ebenda, S. 21 f.
[8] O.V. (2008), S. 76.
[9] Winsen (1999), S. 12.

⇒ „high-potential employee (HIPO): Employees who have above-average talent, skills, and education - targets for recruitment, retention, training, and development and grooming for leadership positions."[10]

Im Rahmen dieser Arbeit wird das Mitarbeiterklientel der High- und Top-Potentials sehr breitgefächert definiert. So hat ein High- oder Top-Potential nicht zwangsläufig einen bestimmten Bildungsabschluss. Er kann jede beliebige Position im Unternehmen innehaben, allerdings zeichnet ihn aus, dass er sehr qualifiziert ist und durch seinen Weitblick auch für umfangreiche Problemstellungen Lösungsansätze entwickeln kann. Empirische Untersuchungen zeigen, dass der Ausbildungsstand des Mitarbeiters auch Einfluss auf Produktqualität, Kundenorientierung, Motivation, Fähigkeit zu Wandel und Innovation sowie Lernbereitschaft hat.[11] Zentraler als der erreichte Bildungsabschluss sind die vorhandenen sozialen und fachlichen Kompetenzen, die am besten durch eine Potenzialanalyse ermittelt werden können.[12] Wie die nachfolgende Abbildung zeigt, sind die zu beurteilenden Kompetenzen sehr breit gestreut und die einzelnen Mitarbeiter daher nur sehr schwierig zu selektieren. Ein weiteres Problem ist, dass die Durchführung und Auswertung dieser Analyse sehr anspruchsvoll sowie sehr zeit- und kostenintensiv ist.

---

[10] Tracey (2004), S. 310.
[11] Vgl. Hartmann (2002), S. 87 ff.
[12] Vgl. Bröckermann & Pepels (2004), S. 85.

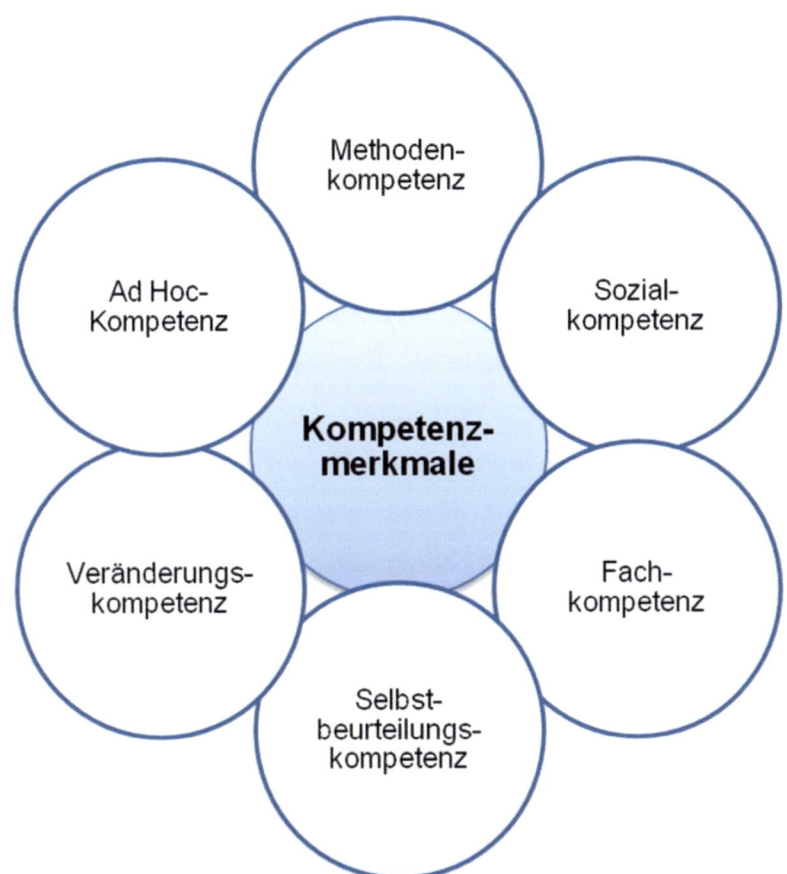

Abb. 2: Bandbreite der Potenzialanalyse
Quelle: In Anlehnung an Bröckermann (2004), S. 85.

Ein wesentliches Kompetenzmerkmal ist die Methodenkompetenz. Sie ist gegeben, wenn der Mitarbeiter die Fähigkeit besitzt, komplexe Zusammenhänge im betrieblichen Geschehen schnell zu erfassen. Darüber hinaus sollte er Defizite erkennen und methodisch sinnvolle Lösungsvorschläge erarbeiten und bewerten können. Auch das persönliche Zeitmanagement, Kenntnisse im Finanzmanagement, in Aufbau- und Ablauforganisationen sowie im Projektmanagement gehören zu dieser Kategorie. Die Sozialkompetenz zeigt sich vor allem in der Fähigkeit, andere Mitarbeiter richtig einzuschätzen. Zusätzlich ermöglicht sie dem High- oder Top-Potential andere Mitarbeiter zu motivieren, sie zu führen und zu entwickeln. Ein ganz wesentliches Merkmal der zu untersuchenden Mitarbeitergruppe ist die vorhandene Fachkompetenz. Diese schliesst die Fähigkeit ein, erlerntes Wissen lösungsorientiert einsetzen zu können. Im Allgemeinen ist eine breite Ausbildung sinnvoll mit Schwerpunkten und Vertiefungen in ausgewählten Bereichen.

Ein weiteres signifikantes Kompetenzmerkmal ist die Selbstbeurteilungskompetenz. Ein High- oder Top-Potential muss in der Lage sein, seine eigenen Fähigkeiten in verschiedenen Situationen zu analysieren und realistisch zu beurteilen. Dies impliziert auch die Kenntnis über die eigenen Stärken und Schwächen. Erst die neutrale Beurteilung der eigenen Leistungen und die Außenwahrnehmung der eigenen Person ermöglicht eine realistische Einschätzung der individuellen Möglichkeiten und Grenzen. Ein besonderes Kompetenzmerkmal, welches zunehmend an Bedeutung gewinnt, ist die Veränderungskompetenz. Ein High- und Top-Potential sollte die Fähigkeit aufbringen, lebenslang hinzuzulernen und auf Veränderungen flexibel und stressarm reagieren. Darüber hinaus sollte er neue Einsatzgebiete als interessante Herausforderung begreifen. Ein weiteres wesentliches Kompetenzmerkmal - mit welchem die Potenzialanalyse abgerundet werden kann - ist die Ad Hoc-Kompetenz. Diese beschreibt die Fähigkeit, sich schnell in Situationen hineinzufinden und zügig die wesentlichen Punkte zu erkennen. Dies schliesst eine rasche Auffassungsgabe ein, mit welcher komplexe Geschehen auf einfache Strukturen reduziert und gegebenenfalls auch visualisiert werden können.

Eine weitere Begrifflichkeit aus dem Titel dieser Arbeit, die zu definieren ist, sind die **langfristigen Bindungsstrategien**. Im psychologischen Sinn ist Bindung ein lebenslanger Prozess, in dessen Verlauf sich durch positive und stabile Bindungserlebnisse oder auch Trennungs- und Verlusterfahrungen die Bindungsqualität einer Person entwickelt.[13] Im Rahmen dieser Arbeit beschreibt der Begriff „langfristig" jedoch nicht zwangsläufig die Bindung des Arbeitnehmers an den Arbeitgeber bis zum Ruhestand. Auch die Bindung für ein einzelnes Projekt kann durchaus für beide Seiten sinnvoll sein. Wichtig ist dabei, dass es sich gerade bei High- und Top-Potentials um Mitarbeiter handelt, nach denen eine große Nachfrage besteht.[14] Aufgrund der Globalisierung sind einzelne Arbeitnehmer und Arbeitgeber nicht zwangsläufig auf einander angewiesen. Welche Gründe es gibt, warum es allerdings gerade aus wirtschaftlichen Gesichtspunkten Sinn macht, ein gutes Verhältnis zu pflegen, wird im Folgenden noch detailliert erläutert. Letztlich entscheiden beide Seiten frei, über welchen Zeitraum sie sich an wen binden möchten.

---

[13] Vgl. Schmidt-Denter (2005), S. 165 ff.
[14] Vgl. Aden (2008), S. 4 f.

Grundsätzlich werden in der Literatur zwei verschiedene Bindungsarten unterschieden:

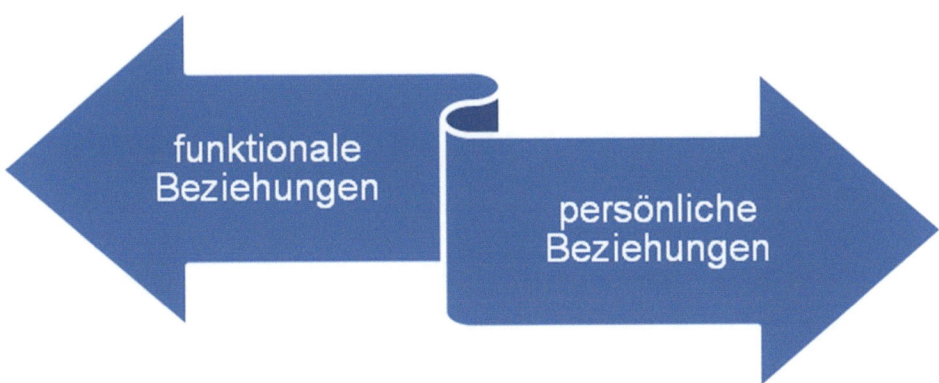

Abb. 3: Arten von Beziehungen

Quelle: In Anlehnung an Asendorpf & Banse (2000), S. 1.

Die funktionale Beziehung ergibt sich aus den gegenseitigen Rollenerwartungen. Ein klassisches Beispiel ist dafür das Verhältnis von Lehrer und Schüler. Auf der anderen Seite existieren die persönlichen Beziehungen zwischen zwei Menschen kraft ihrer Persönlichkeit. Bei letzterem bleiben soziale Rollen unberücksichtigt.[15]

Demzufolge entspricht das klassische Verhältnis zwischen Arbeitnehmer und Arbeitgeber einer funktionalen Zweckbeziehung:

> ⇒ der Arbeitnehmer verdient Geld für seinen täglichen Bedarf
> ⇒ der Arbeitgeber kann durch die Arbeit seiner Mitarbeiter die wirtschaftlichen Ziele seiner Unternehmung verfolgen

Diese rationale Betrachtung - ohne Berücksichtigung ethischer und moralischer Aspekte - gehört heute der Vergangenheit an. Gerade High- und Top-Potentials nehmen hier eine Sonderstellung ein. Um das volle Potenzial dieser überaus fähigen Mitarbeiter nutzen zu können, muss der Arbeitgeber die Rahmenbedingungen so schaffen, dass sich sein Personal wohl fühlt. Dies bringt die Arbeitnehmer auf der anderen Seite dann in die Pflicht, auch ihren Teil des psychologischen Vertrages zu erfüllen: das Erbringen von überdurchschnittlichen Leistungen.[16] Um dies zu ermöglichen wird im Rahmen dieser Arbeit versucht, Strategien zu entwickeln, wie die funktionale Beziehung zwischen Arbeitnehmer und Arbeitgeber mit Elementen

---

[15] Vgl. Asendorpf & Banse (2000), S. 1.
[16] Vgl. Northcutt (2008), S. 60 f.

aus persönlichen Beziehungen verknüpft werden kann. Diese Beziehungsarten sollten für High- und Top-Potentials nicht länger Gegensätze darstellen.

Wenn im Rahmen der Arbeit von **Unternehmen** oder Arbeitgebern gesprochen wird, sind Betriebe im marktwirtschaftlichen Sinne gemeint. Das heisst das erwerbswirtschaftliche Prinzip, das Streben nach Gewinn wird vorausgesetzt sowie der Wunsch nach Autonomie im Hinblick auf die Selbstbestimmung des Wirtschaftsplanes.

Die Auseinandersetzung mit dem Thema rückt die **nachhaltigen Bindungselemente** in den Mittelpunkt. Was im Alltag oftmals mit dem Begriff „Vertrauen" umschrieben wird, bezeichnet die psychologische Forschung als „Bindung".[17] Die Nachhaltigkeit drückt dabei umsomehr die emotionale Verbundenheit zwischen den jeweiligen Parteien aus. So wird im Berufsleben der derzeitige Arbeitgeber gegenüber anderen gefühlsmäßig vorgezogen und der Arbeitnehmer verhält sich loyal.[18] Durch diese intensive, fortwährende Form der Bindung erachten Arbeitnehmer das Beschäftigungsverhältnis als Teil des eigenen Lebens. Sie identifizieren sich mit den Produkten oder dem Unternehmen als Ganzem. Darüber hinaus finden die Arbeitnehmer Akzeptanz, Zutrauen und Förderung. Als Basis aller weiteren Interpretationen gilt daher die Annahme, dass gelingende Beziehungen das unbewusste Ziel allen menschlichen Bemühens sind, da es ohne Beziehungen keine dauerhafte Motivation gibt.[19]

Der letzte abzugrenzende Begriff des Titels ist die **Paarbeziehung**. Die Liebe stellt dabei die intensivste Form der Zuwendung zwischen zwei Menschen dar - unabhängig ob elterliche, kindliche oder sexuelle Liebe.[20] Im Mittelpunkt hier steht das Paar, das entweder verheiratet oder unverheiratet ist, das entweder zusammen oder getrennt wohnt und das entweder Kinder hat oder nicht. Gemeinsam ist diesen Paaren, dass sie ihre Beziehung subjektiv als feste Partnerschaft wahrnehmen. Die Analyse im Rahmen dieser Arbeit erfolgt geschlechter-unspezifisch. So werden folgende geschlechtsabhängige Besonderheiten ausgeklammert:

⇒ Mann und Frau,

---

[17] Vgl. Schmidt-Denter (2005), S. 7.
[18] Vgl. Pepels (2002), S. 132 f.
[19] Vgl. Bauer (2007), S. 61.
[20] Vgl. Schmidt-Denter (2005), S. 87.

⇒ Frau und Frau,

⇒ Mann und Mann,

⇒ Chef und Mitarbeiterin,

⇒ Chefin und Mitarbeiter,

⇒ Chefin und Mitarbeiterin,

⇒ Chef und Mitarbeiter.

Im Sinne einer besseren Lesbarkeit wird im Folgenden jeweils die männliche Bezeichnung verwendet.

Zur Definition der Paarbeziehung spielt das zugrunde liegende Menschenbild eine essentielle Rolle. Entgegen einigen evolutionstheoretischen Ansätzen wird im Folgenden die Kooperation als Leitmotiv des Lebens angenommen. Dies ist wesentlich, da das Menschenbild bestimmt, wie sich ein Individuum selbst sieht, wie es andere Personen beurteilt und wie es mit diesen umgeht. Wobei die individuellen Menschenbilder von persönlichen Erfahrungen und Wünschen geprägt werden.[21]

---

[21] Vgl. Bauer (2007), S. 7 ff.

3 Der Status quo: Bindung aus wissenschaftlicher Sicht

3.1 Die Paarbeziehung

3.1.1 Aufbau sozialer Netzwerke

Psychologische Bindungstheorien als Teilsegmente der Entwicklungspsychologie, der Klinischen Psychologie und der Sozialpsychologie beschäftigen sich mit dem Bindungsverhalten und der Bindungsqualität.[22] Die Forschung differenziert zwei Kategorien:

⇒ die Bindungsstile bei Kindern und

⇒ die Bindungsstile bei Erwachsenen.[23]

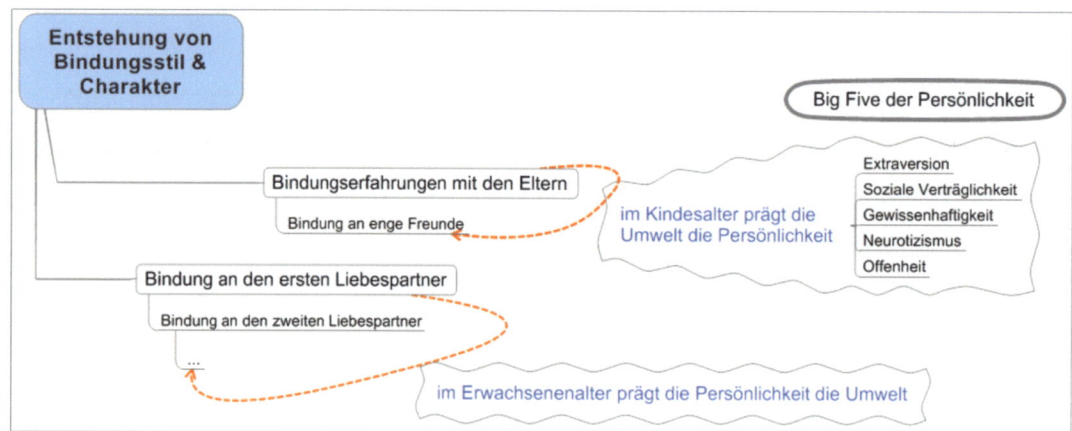

Abb. 4: Entstehung von Bindungsstil und Charakter
Quelle: In Anlehnung an Asendorpf (2007), S. 297 ff und Friedman & Schustack (2004), S. 346.

Grundsätzlich sind die im ersten Lebensjahr gemachten Erfahrungen wesentlich für alle künftigen sozialen Bindungen und für die Charakterentwicklung des Individuums.[24] Dies heißt jedoch nicht, dass negative Erfahrungen in der Kindheit alle folgenden sozialen Bindungen zwangsläufig beeinflussen und belasten müssen. Ein Kind ist darauf angewiesen, dass ihm gute zwischenmenschliche Erfahrungen geschenkt werden. „Erwachsene können (...) selbst daran mitwirken, dass Kooperation gelingt".[25]

---

[22] Vgl. Krumwiede (2001), S. 2.
[23] Vgl. Friedman & Schustack (2004), S. 232 f.
[24] Vgl. Asendorpf (2007), S. 297 ff.
[25] Bauer (2007), S. 52.

Diesen Eigenantrieb zu aktivieren fällt jedoch Erwachsenen sehr viel schwerer, wenn sie als Kind keine positiven Motivations- und Beziehungserfahrungen gemacht haben.[26] Dies zeigt sich in der Extremform bis in die Ausprägung eines erhöhten Maßes an Aggression. Im Erwachsenenalter wird der jeweilige Bindungsstil in jeder Beziehung neu ausgehandelt. Bei der Untersuchung von Bindungen an enge Freunde sind durchaus noch Brücken zur Bindung an die Eltern erkennbar. Die Bindung an einen Liebespartner hat hingegen mit der Eltern-Kind-Beziehung wenig gemein, vielmehr ist sie geprägt von den Erfahrungen mit vorangegangenen Partnern.[27]

Die Persönlichkeit jedes Menschen wird in Kindheit und Jugend durch die Eltern, die Umwelt und die bereits gesammelten Erfahrungen geprägt.[28] Anhand des klassischen Modells der Big Five lassen sich fünf Dimensionen unterscheiden:[29]

⇒ Extraversion (aktiv, impulsiv, gesellig, dominant, gesprächig)

⇒ Soziale Verträglichkeit (freundlich, flexibel, vertrauensvoll, kooperativ)

⇒ Gewissenhaftigkeit (verlässlich, sorgfältig, organisiert, ausdauernd)

⇒ Neurotizismus (emotional labil, schüchtern)

⇒ Offenheit (einfallsreich, vielseitig, aufgeschlossen)

Diese fünf Dimensionen charakterisieren die Grundlage des persönlichen Bindungsstils im Erwachsenenalter. Die Ausbildung einer eigenen Persönlichkeit im Kindesalter ist so nachhaltig, dass im Erwachsenenalter die Umwelt kaum noch Einfluss nehmen kann. Im Gegenteil: „Im Erwachsenenalter prägt (...) die Persönlichkeit ihre Umwelt".[30]

Der Grund, warum Beziehungen im menschlichen Bewusstsein eine so essentielle Rolle spielen, kann auch medizinisch belegt werden. Einen Überblick über die neurobiologische Basis zwischenmenschlicher Bindungen bietet die nachfolgende Grafik:

---

[26] Vgl. Bauer (2007), S. 53.
[27] Vgl. Asendorpf (2007), S. 305.
[28] Vgl. Schmidt-Denter (2005), S. 234 ff.
[29] Vgl. Friedman & Schustack (2004), S. 346.
[30] Asendorpf & Neyer (2000), S. 31.

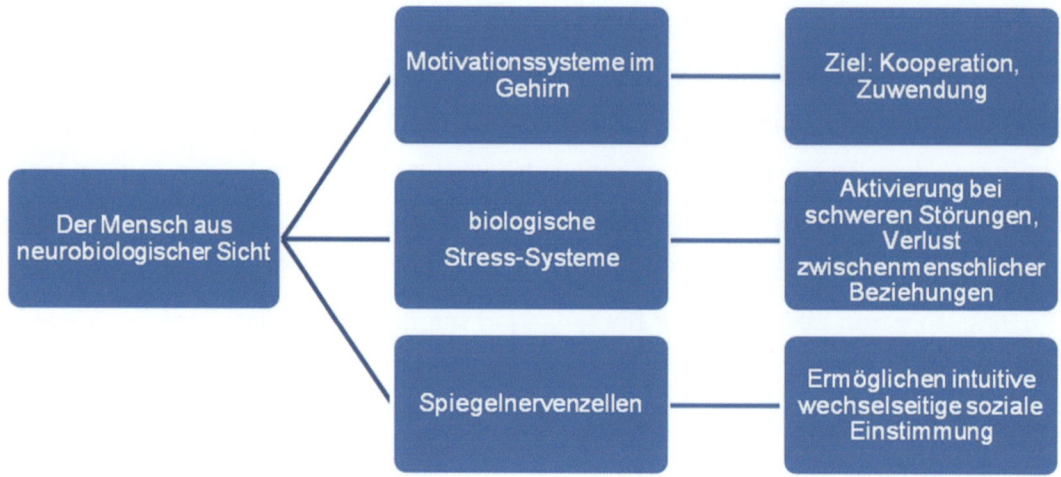

Abb. 5: Der Mensch als Beziehungswesen
Quelle: In Anlehnung an Bauer (2007), S. 69 f.

„Alle Ziele, die wir im Rahmen unseres normalen Alltags verfolgen, (…) haben aus Sicht unseres Gehirns ihren tiefen (…) Sinn dadurch, dass wir damit letztlich auf zwischenmenschlichen Beziehungen zielen, das heißt, diese erwerben oder erhalten wollen."[31] Denn durch das Eingehen sozialer Bindungen werden die Glücksbotenstoffe Dopamin und Oxytozin produziert. Zusätzlich unterstützen endogene Opioide die körperliche und mentale Gesundheit. Dies ist die Voraussetzung für Konzentrationsfähigkeit, mentale Energie sowie die Reduktion von Stress und Angst.[32] So konnte in wissenschaftlichen Untersuchungen gezeigt werden, dass zwischenmenschliche Zuwendung, verbunden mit dem Versprechen, Hilfe zu leisten, das körpereigene Opioid-System aktiviert und auf diese Weise sogar körperliche Beschwerden der Betroffenen subjektiv wahrnehmbar gebessert wurden.[33] Der Aufbau eines intakten sozialen Netzes trägt damit nachweislich zu unserer Gesundheit und unserem Wohlbefinden bei. Sogar die Lebenserwartung kann durch intakte soziale Netzwerke erhöht werden.[34]

Schliesslich ermöglichen Spiegelnervenzellen eine besondere Form sozialer Verbundenheit. Durch sie können Menschen Mitgefühl und Empathie empfinden. Diese Komponenten funktionieren jedoch nur, wenn in der Prägungsphase des Lebens hinreichend gute Beziehungserfahrungen gemacht wurden. Auch spätere Traumatisierungen, die zu psychischen und neurobiologischen Beschädigungen der Systeme geführt haben, können das natürliche Bedürfnis nach gelingenden

---

[31] Bauer (2007), S. 37.
[32] Vgl. Friedman & Schustack (2004), S. 352 f.
[33] Vgl. Bauer (2007) S. 57 f.
[34] Vgl. Ebenda, S. 68.

Beziehungen und Kooperation beeinträchtigen.[35] So muss zum Beispiel die genetische Ausstattung garantieren, dass die neurobiologischen Werkzeuge vorhanden sind. Denn ohne Bindungsstellen für die o.a. Moleküle können diese keine Wirkung entfalten.[36] Auch die Deaktivierung der Motivationssysteme sowie die Aktivierung der Stresssysteme führen langfristig zu gesundheitlichen Störungen.[37]

Bei der Analyse von Paarbeziehungen spielen jedoch auch aktuelle Trends eine entscheidende Rolle. Die empirische Analyse von Bindungen wird erschwert, weil heutzutage nicht mehr jede Paarbeziehung zwangsläufig in einer Ehe endet und dadurch eindeutig charakterisiert werden kann. Tendenziell ist zu beobachten, dass Paare länger mit dem Schritt zum Standesamt warten als noch vor einigen Jahren. Hinzu kommt, dass die Zahl der Ehescheidungen stetig steigt. Das Bild von dem einen Lebenspartner hat sich gewandelt in feste Beziehungen für gewisse Lebensabschnitte. Zu sich ändernden Rahmenbedingungen gehört für viele Menschen auch, dass sie nicht mehr so kompromissbereit sind in der Gestaltung von Beziehungen.[38] Durch die gestiegene Lebenserwartung wird dieser Wandel noch unterstützt.

Mitunter geht der Wertewandel weg von der traditionellen Familie hin zu neuen Lebenskonzepten auch mit einer beruflichen Selbstverwirklichung einher, die eine Vereinbarkeit von Beruf und Familie gar nicht mehr zulassen. So stellt zum Beispiel die, durch die Globalisierung geforderte, erhöhte Mobilität der Arbeitnehmer auch spezielle Anforderungen an deren soziale Netzwerke im Privatleben. In diesem Sinne müssen alle Beziehungen stärker als je zuvor individuell erarbeitet und gestaltet werden.[39] Dadurch wachsen die Ansprüche an Partnerschaften zusehends.

---

[35] Vgl. Friedman & Schustack (2004), S. 352 f.
[36] Vgl. Bauer (2007), S. 48 ff.
[37] Vgl. Ebenda, S. 69 f.
[38] Vgl. Asendorpf & Banse (2000), S. 44.
[39] Vgl. Asendorpf & Neyer (2000), S. 33.

3.1.2 Gestaltung von Paarbeziehungen

Nachdem im vorangegangenen Abschnitt die Grundlagen für den Aufbau von Beziehungen gelegt wurden, wird nun detaillierter auf die Ausgestaltung von Bindungen eingegangen sowie auf die zu unterscheidenden Bindungsstile.

Als Grundlage für die Untersuchungen ist stets das Selbst- und Fremdbild der Beteiligten zu berücksichtigen.[40] Das heisst für die Gestaltung der Partnerschaft ist es wesentlich, wie die jeweiligen Personen sich selbst und auch ihre Bezugspersonen wahrnehmen. So kann eine Person sich selbst zum Beispiel positiv beurteilen, aber dem Partner misstrauen. Oder sie kann sich selbst negativ bewerten und den Partner für verlässlich halten. Dieses Arbeitsmodell lässt sich wie folgt verdeutlichen:

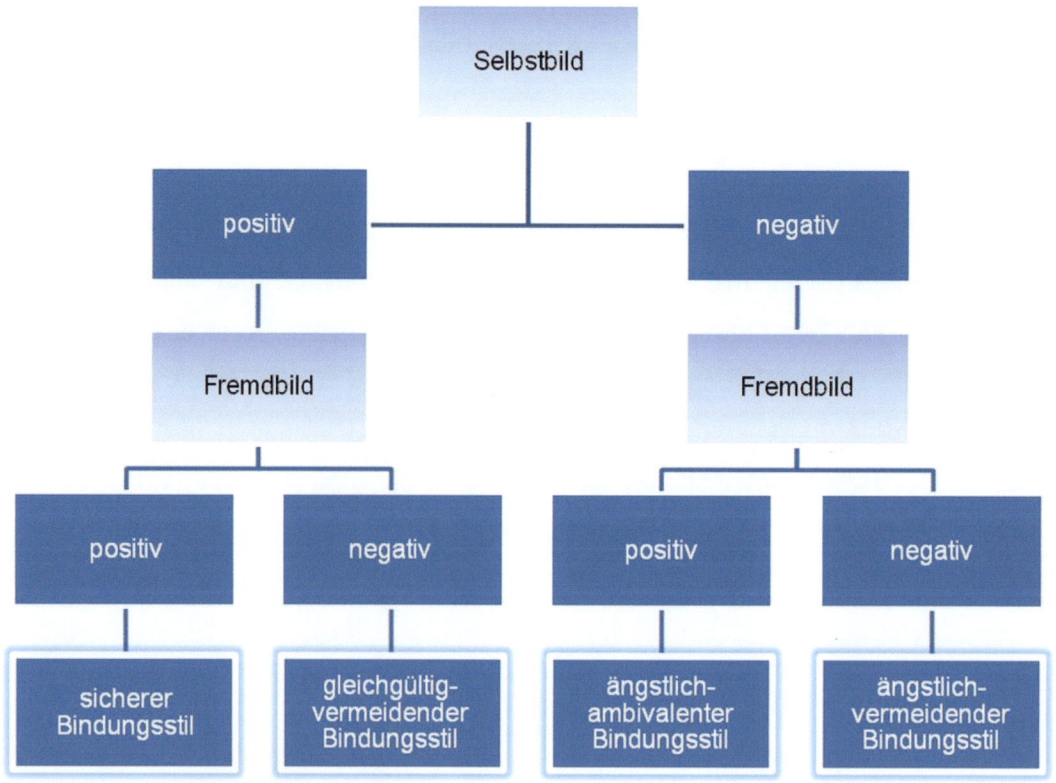

Abb. 6: Bindungen in Partnerschaften
Quelle: In Anlehnung an Zimbardo & Gerrig (2004), S. 781 f und Schmidt-Denter (2005), S. 1 ff.

---

[40] Vgl. Schneewind & Wunderer (2003), S. 20.

Auf der Betrachtung von Selbst- und Fremdbild aufbauend ergibt sich eine Klassifikation der Bindungen in Partnerschaften, die vier Bindungsstile umfasst:

(1) Eine positive Sichtweise des Selbst und des Partners zeichnet einen sicheren Bindungsstil aus. Die Person kann Nähe zulassen und empfindet die Partnerschaft als emotional unterstützend.

(2) Eine negative Sichtweise des Selbst und eine positive Sichtweise des Partners führt zu einem ängstlich-ambivalenten Bindungsstil. Die Person ist ängstlich, was sie im Hinblick auf die Beständigkeit der Beziehung verunsichert, und sie fühlt sich zum Partner emotional stark hingezogen.

(3) Eine negative Sichtweise des Selbst und des Partners ergibt einen ängstlich-vermeidenden Bindungsstil. Die Person hat Angst vor emotionaler Nähe, vor Intimität und sie vermeidet tiefergehende soziale Beziehungen.

(4) Eine positive Sichtweise des Selbst und eine negative Sichtweise des Partners charakterisieren einen gleichgültig-vermeidenden Bindungsstil. Die Person vermeidet Intimität in der Partnerschaft, betont ihre eigene Autonomie und empfindet keine starke emotionale Abhängigkeit von ihrem Partner.

Eine hohe Ausprägung der Bindungsangst – auf der Basis eines negativen Selbstbildes - beinhaltet eine misstrauische und angespannte Haltung. Darunter fällt, wenn ein Partner meint, dass er weniger von dem anderen bekommt als er verdient. Hingegen bedeutet eine hohe Ausprägung der Bindungsvermeidung – auf der Basis eines negativen Fremdbildes -, dass eine geringe Bindungsbereitschaft vorliegt und wenig Motivation, sich für die Tragfähigkeit der Beziehung zu engagieren.[41] Vermeidende Bindung heißt aber nicht unbedingt, ohne Partner zu leben. Vielmehr kann gerade ein vermeidender Bindungsstil Partner anziehen, die ängstlich-ambivalent eingestellt sind. Diese Kombination kann einen jahrelangen Kampf um Zuneigung auslösen, den der ängstlich-ambivalente Partner zwar nicht gewinnen kann, der ihn aber immer wieder beschäftigt. Ob es empfehlenswert ist, eine solche Partnerschaft einzugehen, kann allerdings bezweifelt werden.[42] Nutzen und Lasten sind zu einseitig verteilt: Der vermeidende Partner bekommt, ohne dass er sich

---

[41] Vgl. Zimbardo & Gerrig (2004), S. 781 f.
[42] Vgl. Schneewind & Wunderer (2003), S. 22.

emotional einbringt, ein "warmes Nest", während der ängstlich-ambivalente Partner sich für die Beziehung stark engagiert und auch noch darunter leidet, dass er von Befürchtungen getrieben wird, die Beziehung könnte abbrechen.

Die Annahme liegt nahe, dass ein sicherer Bindungsstil mit längerer Beziehungsdauer einhergeht. Diese Annahme wurde empirisch bestätigt: Personen, die sicher gebunden waren, blieben länger zusammen und wurden seltener geschieden als Personen, die unsicher gebunden waren.

Auf der Grundlage von großen Stichproben kann die Frage beantwortet werden, welche Kombination von Bindungsstilen in Paaren häufig und selten auftreten. An erster Stelle lässt sich festhalten, dass Paare, in denen beide Partner sicher gebunden sind, sehr häufig auftreten. Außerdem ergab sich, dass Paare, in denen beide Partner vermeidend oder ängstlich-ambivalent eingestellt sind, sehr selten zusammen sind. Stattdessen sind Paare häufig anzutreffen, in denen ein Partner vermeidend orientiert ist und der andere Partner ängstlich-ambivalent. Das entspricht genau der Konstellation, deren Probleme oben bereits erörtert wurden.

Im Rahmen wissenschaftlicher Untersuchungen werden Partnerschaftsbindungen entweder mithilfe von Fragebögen[43] oder durch Interviews[44] diagnostiziert. Bei Letzterem wird nicht nur der Inhalt ausgewertet, sondern auch die Art der Erzählung bewertet. So ist es zum Beispiel relevant, ob zusammenhängend und flüssig gesprochen wird, oder aber voller Brüche sowie in geschachtelten Sätzen.

Ein weiteres Charakteristikum für die Gestaltung von Beziehung kann der sozialen Austauschtheorie entnommen werden. Grundlage ist dabei die Annahme, dass die Parteien, die eine Bindung eingegangen sind, auch grundsätzlich bestrebt sind, diese Beziehung aufrechtzuerhalten. Im Sinne der sozialen Austauschtheorie besteht dieses Bemühen um den Fortbestand der Bindung jedoch nur solange, wie der Nutzen der Beziehung deren Kosten übersteigt. So zählt zu diesem Nutzen zum Beispiel inwiefern der Partner die Bedürfnisse nach Intimität, Sexualität und sozialer Unterstützung erfüllt. Schliesslich entwickelt sich ein Gefühl der Zufriedenheit aus Belohnungen wie Freuden, Befriedigungen und Annehmlichkeiten. Auf der anderen Seite gehören zu den Kosten einer Bindung körperliche und mentale Aufwendungen, Ängste und Konflikte. In der Austauschtheorie stellen die jeweiligen Erwartungen der

---

[43] Adult Attachment Styles, Hazan & Shaver 1987; Experiences in Close Relationships, Brennan et al.
[44] Current Relationship Interview, Crowell & Owens, George & Kaplan & Main.

Interaktionspartner an ihr Gegenüber den Bewertungsmaßstab - den sogenannten Comparison Level - dar. Dieser entwickelt sich auf der Grundlage von Erfahrungen.[45] Sind die Kosten der Bindung im Vergleich zum Nutzen langfristig zu hoch, steht das Thema Trennung zur Diskussion, auf welches im folgenden Abschnitt eingegangen wird.

3.1.3 Auflösung von Partnerschaften

Aus sozialwissenschaftlicher oder therapeutischer Sicht ist die Auflösung einer Partnerschaft ein komplexer, mehrdimensionaler und dynamischer Veränderungsprozess. In der Regel führen mehrere Ursachen zu einer Verschlechterung der Beziehung. In vielen Fällen ist die Bindung über einen langen Zeitraum hinweg unbefriedigend und / oder instabil, in anderen Fällen kommt ihr Ende plötzlich und schnell. Der Trennungsprozess durchläuft in der Regel drei Phasen:

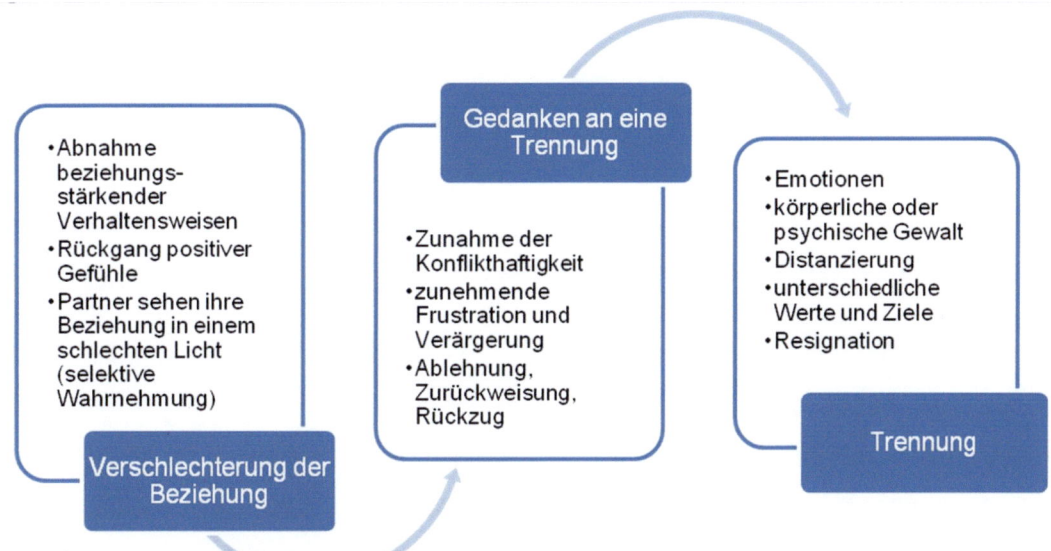

Abb. 7: Prozess der Auflösung einer Partnerschaft
Quelle: Eigene Darstellung.

Meist verschlechtert sich die Beziehung allmählich über Monate und Jahre. Eine Vielzahl einzelner, an sich unbedeutender Handlungen oder die langsame Abnahme beziehungsstärkender Verhaltensweisen tragen zum Rückgang von positiven Gefühlen wie Liebe, Zuneigung, Vertrauen und Achtung bei. Qualität und Zufriedenheit schwinden; die Partner sehen ihre Beziehung zunehmend in einem

---

[45] Vgl. Grau & Bierhoff (2003), S. 51 ff.

schlechten Licht, insbesondere, wenn sie diese mit den Bindungen von Bekannten und Freunden vergleichen. Diese Phase wird häufig durch eine selektive Wahrnehmung verstärkt: Viele Partner konzentrieren sich immer mehr auf die negativen Aspekte ihrer Beziehung und übersehen die positiven.[46]

Hinzu kommt, dass sie aus ihrer Enttäuschung und Unzufriedenheit heraus oft den Eindruck gewinnen, sie würden zu wenig von der Beziehung profitieren oder von ihrem Partner ausgenutzt werden. So versuchen sie sicherzustellen, dass der eine nicht mehr als der andere bekommt, und wollen immer häufiger nehmen anstatt zu geben.

Die Verschlechterung der Beziehung kann sich auf verschiedene Weise zeigen. In einigen Fällen nimmt die Konflikthaftigkeit zu. Während die Partner zunächst noch rational zu bleiben versuchen und nach Kompromissen trachten, gehen schliesslich Problemlösungsfähigkeit, Geduld und Kompromissbereitschaft immer mehr zurück. Aus ihrer zunehmenden Frustration und Verärgerung sowie aus dem Gefühl heraus, abgelehnt und zurückgewiesen zu werden, greifen sie immer häufiger den Partner persönlich an, versuchen ihn zu verletzen oder setzen sogar Gewalt gegen ihn ein. Einige Paare unterbrechen den Teufelskreis eskalierender Auseinandersetzungen nicht oder leben in einer Atmosphäre, die aufgrund ungelöster und immer wieder hervorbrechender Konflikte konstant spannungsgeladen ist. Andere beginnen hingegen, Auseinandersetzungen zu vermeiden und einander aus dem Weg zu gehen.[47]

In anderen Fällen zeigt sich die Verschlechterung der Beziehung weniger in Auseinandersetzungen oder Konfliktvermeidung. Hier ziehen sich die Partner langsam voneinander zurück, da sie einander nicht mehr viel zu sagen und zu geben haben. Sie leben nebeneinander her, empfinden immer weniger füreinander und erleben einander als distanziert. Oft konzentrieren sie sich auf ihren Beruf oder auf Hobbys, entwickeln unterschiedliche Interessen und verbringen viel Zeit in einem separaten Freundeskreis. Vielfach wird dieser langsame und subtile Entfremdungsprozess erst spät bemerkt. Wird er von einem Partner angesprochen, kann er von dem Anderen leicht verneint oder unterbewertet werden. Oft werden die Probleme einfach verdrängt.

---

[46] Vgl. Grau & Bierhoff (2003), S. 429 ff.
[47] Vgl. Grau & Bierhoff (2003), S. 481.

Zu einer eher abrupten und plötzlichen Verschlechterung der Paarbeziehung kann es kommen, wenn zum Beispiel ein intimes sexuelles Verhältnis entdeckt oder offenbart wurde. Häufig reagiert der Partner mit starken Emotionen wie Ärger, Angst oder Eifersucht und akzeptiert Zeichen der Reue nicht. Versucht er, den Partner beispielsweise mit körperlicher oder psychischer Gewalt, durch einen abrupten Rückzug oder durch das Eingehen einer intimen Beziehung (als Rachemaßnahme) zu bestrafen, kann die Partnerschaft daran schnell zerbrechen.[48]

Eine rasche Verschlechterung der Beziehung kann natürlich auch durch Krisen wie Arbeitslosigkeit, die Geburt eines behinderten Kindes, die Aufnahme eines pflegebedürftigen Elternteils oder das Auftreten einer chronischen Krankheit hervorgerufen werden. Eine vergleichbare Wirkung können normale Übergangskrisen im Verlauf des Familienzyklus wie die Geburt des ersten Kindes, Ablösung und Auszug des jüngsten Kindes oder der Eintritt in den Ruhestand haben.

Neben den bereits genannten können folgende Gründe zur Verschlechterung der Paarbeziehung beitragen und zu Trennungsursachen werden: Viele Partner stellen zu hohe und letztlich unerfüllbare Erwartungen an die Bindung und ihren Partner. Er / Sie soll ihr Liebhaber, ihr bester Freund, ihr Gesprächspartner, ihr Beschützer und Ähnliches sein, alle ihre Bedürfnisse befriedigen, sie glücklich und zufrieden machen, sie für eine unglückliche Kindheit entschädigen und vieles mehr. Kann ein Partner diese hohen Ansprüche nicht befriedigen, so wird oft nach einem "besseren" gesucht. In vielen Partnerschaften werden aber auch realistischere Rollenerwartungen nicht erfüllt.

Häufig tragen finanzielle oder berufsbezogene Probleme zur Verschlechterung der Beziehung bei. So berichten Geschiedene, dass sich viele Konflikte mit dem Partner vor der Trennung um folgende Inhalte drehen: das dem Einzelnen zur Verfügung stehende Geld, die eigenen Arbeitszeiten oder die des Partners, beruflich bedingte Abwesenheit von daheim, die Art des eigenen Berufs oder desjenigen des Partners sowie die eigenen Kollegen oder diejenigen des Partners. Viele Erwachsene vertiefen sich derart in ihren Beruf, dass sie ihre Familie vernachlässigen. Ferner können konflikthafte Situationen in Beziehungen entstehen, in denen beide Partner in ihrem jeweiligen Beruf Karriere machen wollen. Dann haben sie oft nur noch wenig Zeit füreinander, sind aufgrund der beruflichen Anspannungen ungeduldig

---

[48] Vgl. Asendorpf & Banse (2000), S. 251 f.

miteinander und geraten leicht in Konkurrenzsituationen. Der Beziehung und der eigenen Selbstverwirklichung werden keine größere Bedeutung zugesprochen.[49]

In vielen Fällen verursachen auch unterschiedliche Werte und Ziele Probleme. So mögen die Partner ihre Geschlechtsrollen auf unvereinbare Weise definieren und ausgestalten. In der Regel wird dann der Partner für die Abnahme der Beziehungsqualität verantwortlich gemacht. Ferner kann es zu einer Verschlechterung der Partnerschaft kommen, wenn sich die Partner auseinander entwickeln und verschiedene Lebensstile ausbilden. Schließlich wird oft übermäßiger Alkoholkonsum mit Veränderungen im Verhalten und in der Persönlichkeit als Gründe für die spätere Trennung genannt.

Andere Ursachen für die abnehmende Zufriedenheit können folgende Aspekte sein:

⇒ neurotische Verhaltensweisen und Persönlichkeitsstörungen des Partners

⇒ Mangel an Kommunikation (vor allem über Gefühle)

⇒ Kommunikationsstörungen

⇒ unzureichende Befriedigung emotionaler Bedürfnisse (zu wenig positive Verstärkung)

⇒ zu große Nähe (Symbiose)

⇒ die Einmischung von Verwandten in die Beziehung

⇒ die Unzufriedenheit mit der eigenen Lebenssituation, mit dem Lebensstil oder mit den sozialen Kontakten

Unabhängig davon, in welchem Bereich der Partnerschaft destruktive Entwicklungen beginnen, greifen sie auch schnell auf andere Bereiche über. Die Gespräche werden oberflächlicher, die Gefühle negativer, das Bild vom Partner schlechter, das Verhalten ihm gegenüber ablehnender. In der Regel hat die Verschlechterung der Partnerbeziehung negative Folgen für das Wohlbefinden und die seelische Gesundheit der Erwachsenen. Sie entwickeln psychische und psychosomatische Störungen, erkranken oder beginnen, Medikamente, Alkohol oder Drogen zu

---

[49] Vgl. Vgl. Grau & Bierhoff (2003), S. 485.

missbrauchen. Zudem ändert sich ihr Verhalten anderen Menschen gegenüber (wie zum Beispiel gegenüber den Kindern).[50]

Die Unzufriedenheit mit der Partnerschaft, die Familienkonflikte oder das problematische Verhalten ihrer Kinder lässt viele Partner in dieser Phase nach professioneller Hilfe suchen. Sie konsultieren Ehe- und Familienberater, Ärzte, Psychiater, Priester und Sozialarbeiter. Zumeist erleben sie deren Beratung als hilfreich und sinnvoll. In vielen Fällen gelingt es den Fachleuten aber nicht, die Beziehung ihrer Klienten zu retten, da diese zu spät kamen oder zu einer durchgehenden Veränderung ihres Verhaltens nicht (mehr) bereit waren.[51]

3.2 Soziale Bindungen im beruflichen Umfeld

Die Personlbindung beschreibt die Beziehung eines Arbeitnehmers zu seinem Arbeitgeber. Dies deckt einerseits die Bindung an den direkten Vorgesetzten ab. Andererseits ist auch die Beziehung zum gesamten Unternehmen einbezogen.[52] Charakteristisch für diese Bindung ist die Art der Führung, durch welche die bewusste und zielgerichtete Beeinflussung anderer Menschen erfolgt. Aus psychologischer Sicht wird damit die Sicherstellung von Leistungsbereitschaft und Zufriedenheit beschrieben.[53] In diesem Sinne setzen sich Personalbindungskonzepte nicht mit Bindungsstilen auseinander, sondern mit Führungsstilen und zusätzlich steht die Zufriedenheit des Arbeitnehmers im Fokus.

---

[50] Vgl. Asendorpf & Banse (2000), S. 74 ff.
[51] Vgl. Vgl. Grau & Bierhoff (2003), S. 510.
[52] Vgl. Aden (2008), S. 14.
[53] Vgl. Nerdinger (2007), S. 76.

Führungsstil   **Zufriedenheit des Arbeitnehmers**

⇒ Art und Weise, wie ein einzelner   ⇒ Einstellung   einer   Person
   Vorgesetzter   seine   Mitarbeiter   gegenüber Arbeit
   führt[54]

                                          ⇒ sie äußert sich als emotionale
                                             Reaktion auf eine Situation und
                                             repräsentiert   mehrere
                                             miteinander in Bezug stehende
                                             Einstellungen[55]

Einen ersten Überblick über den Zusammenhang von Zufriedenheit und Loyalität von Arbeitnehmern bietet die folgende Grafik. Dabei umschreibt der Begriff der Loyalität des Arbeitnehmers die innere Verbundenheit und deren Ausdruck im Verhalten gegenüber dem Arbeitgeber. Diese zeigt sich vor allem darin, die Werte des anderen zu teilen und zu vertreten, beziehungsweise diese auch dann zu vertreten, wenn man sie nicht vollumfänglich teilt. Loyalität ist immer freiwillig. Sie zeigt sich sowohl im Verhalten gegenüber demjenigen, dem man loyal verbunden ist, als auch Dritten gegenüber.[56]

---

[54] Vgl. Zimbardo & Gerrig (2004), S. 532.
[55] Vgl. Pepels (2004), S. 52 ff.
[56] Vgl. Bühner (2000), S. 178 f.

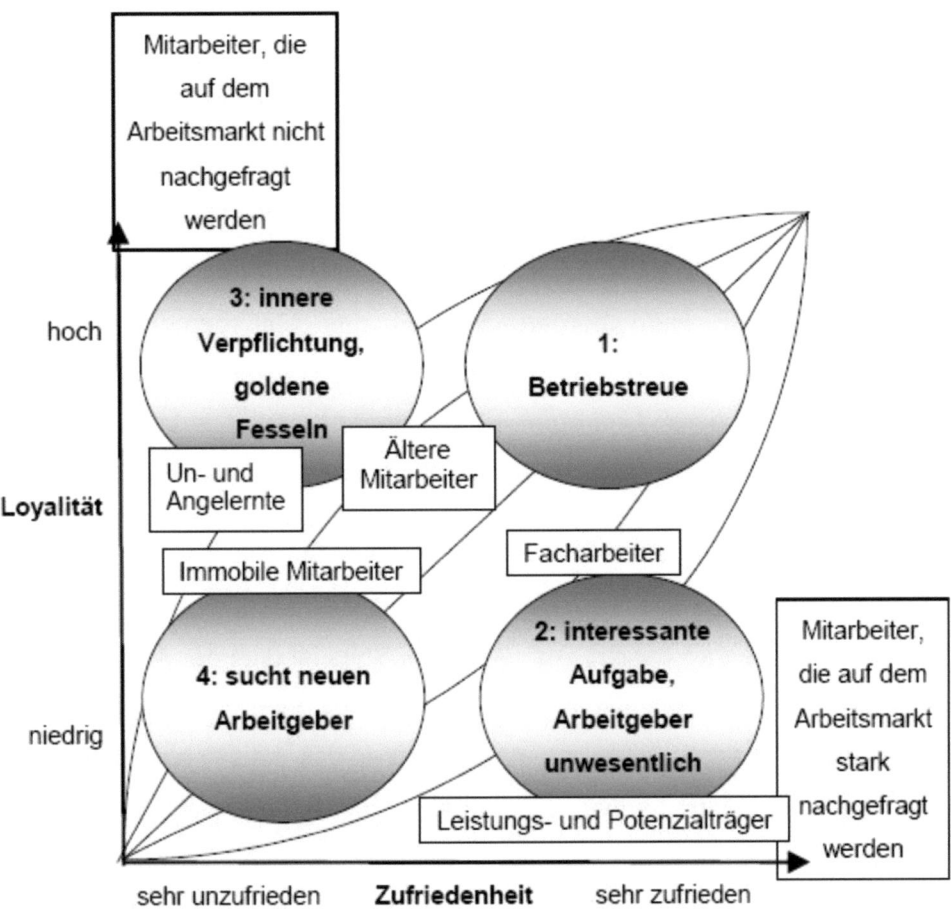

Abb. 8: Zufriedenheits-Loyalitäts-Beziehungen von Mitarbeitern
Quelle: Bühner (2000), S. 179.

Unzufriedene Mitarbeiter werden auf dem Arbeitsmarkt nicht nachgefragt. Vor allem immobile Mitarbeiter sind oftmals unzufrieden und ihrer Organisation gegenüber illoyal. Sie sind auf der Suche nach einem neuen Arbeitgeber, aber aufgrund persönlicher Rahmenbedingungen ist ihr Radius, in welchem sie eine neue Stelle antreten können sehr eingeschränkt. Ein ähnliches Problem trifft auch Un- und Angelernte sowie ältere Mitarbeiter: Wenn sie unzufrieden mit ihrer Arbeitssituation sind, wirkt dies wie eine goldene Fessel. Aufgrund der drohenden Arbeitslosigkeit und der schlechten Marktsituation fühlen sie sich zur Loyalität gegenüber ihrem Arbeitgeber verpflichtet.[57]

Facharbeiter sind tendenziell zufriedene Mitarbeiter. Sie werden - wie High- oder Top-Potentials - aufgrund ihrer fachlichen Qualifikationen auch in Krisenzeiten nachgefragt. Die im Rahmen dieser Arbeit analysierten elitären Leistungs- und

---

[57] Vgl. Bühner (2000), S. 179 f.

Potenzialträger sind in der vorangegangenen Übersicht dem zweiten Bereich zuzuordnen. Denn für High- und Top-Potentials steht langfristig eine interessante und sinnerfüllende Tätigkeit im Fokus und nicht das Unternehmen selbst. Daher verhalten sie sich dem Arbeitgeber gegenüber illoyal, bei entsprechender Arbeitsgestaltung sind sie mit dieser Situation aber durchaus zufrieden und können so auch langfristig im Unternehmen gehalten werden. Allerdings erschwert diese Tatsache die Gestaltung der Personalbindungsmaßnahmen des Unternehmens und stellt ganz besondere Herausforderungen an das Management und an die Personalverantwortlichen. Dabei ist zu berücksichtigen, dass die Zufriedenheit des Mitarbeiters individuell durch Umfragen erfasst werden kann. Die Loyalität hingegen kann im Unternehmen nur mitarbeitergruppenspezifisch über Fluktuationsziffern gemessen werden.[58]

Ein besonderes Merkmal des Verhältnisses von Arbeitnehmer und Arbeitgeber ist, dass es auf einem Vertrag basiert. Auf der einen Seite ist dies der Arbeitsvertrag als juristische Grundlage. Durch diesen Vertrag schuldet jeder Arbeitnehmer seinem Arbeitgeber eine Leistung mittlerer Art und Güte, das heisst eine befriedigende Leistung.[59] Darüber hinaus braucht jedoch jedes Unternehmen auch Mitarbeiter, die Spezialaufgaben sehr gut ausführen, flexibel einsetzbar sind und auch Krisenzeiten bewältigen können.[60] Diese High- und Top-Potentials sind nicht beliebig gegen andere Mitarbeiter austauschbar. Hinzu kommt, dass aktuell ein akuter Fach- und Führungskräftemangel in Deutschland herrscht, der in den nächsten Jahren noch weiter zunimmt.[61]

Daher müssen diese elitären Mitarbeiter sorgfältig und mit Bedacht ausgewählt werden, denn

⇒ sie sind teuer

⇒ sie sind akut abwanderungsgefährdet

⇒ sie sind sich ihrer Stärken und Chancen auf dem Arbeitsmarkt bewusst

---

[58] Vgl. Bühner (2000), S. 179 f.
[59] Vgl. § 243, Absatz 1 BGB.
[60] Vgl. Bröckermann (2003), S. 24.
[61] Vgl. Vedder & Mehring (2002), S. 44 ff.

⇒ sie kennen das Unternehmen durch die Wahrnehmung von Spezialaufgaben mitunter so gut, dass der Wechsel zu einem Konkurrenzunternehmen mit großen Risiken verbunden sein kann

⇒ ihnen müssen spezielle Rahmenbedingungen geschaffen werden, durch welche das volle Potenzial im Unternehmen genutzt werden kann und welche die Beschäftigung über einen längeren Zeitraum sichert[62]

Auf der anderen Seite existiert zwischen beiden Interaktionspartnern ein psychologischer Vertrag. Dieser basiert auf den gegenseitigen Erwartungen, welche nur selten kommuniziert werden. Die Erfüllung der Erwartungen aus dem psychologischen Vertrag ist aber ein signifikanter Indikator für die Zufriedenheit des Mitarbeiters.[63]

High- und Top-Potentials können durch zwei wesentliche Charakteristika definiert werden. In erster Linie haben sie die Kompetenz, innovative Lösungen zu entwickeln. Zusätzlich verfügen sie über das nötige Veränderungsinteresse und den Glauben an die eigenen Gestaltungsmöglichkeiten. Zweitens wurde beobachtet, dass diese Mitarbeiter sehr gewissenhaft arbeiten und diese Persönlichkeitseigenschaft am stärksten mit beruflichem Erfolg korreliert. Zu der Gewissenhaftigkeit zählen dabei Aspekte wie Ordnungsliebe, Pflichtbewusstsein, Leistungsstreben, Selbstdisziplin und Besonnenheit. Zusammenfassend wurde ermittelt, dass gewissenhafte Menschen mehr aus sich selbst herausholen und die eigenen Ansprüche höher setzen. Letztlich sind Beständigkeit und Verlässlichkeit gewissenhafter Menschen auch Indikatoren für langfristige Beziehungen.[64]

Allerdings lassen sich solche soft facts im Rahmen eines Vorstellungsgespräches oder eines Assessment- beziehungsweise Development-Centers nur sehr schwer ermitteln. Schliesslich muss auch Berücksichtigung finden, dass „die Ressourcen (…) nicht von sich aus produktiv (sind), sondern (sie) werden dies erst durch den richtigen Einsatz und die geeignete Kombination, das heisst ihr Beitrag zum Erfolg hängt unmittelbar von den Führungsfähigkeiten (…) ab"[65]

---

[62] Vgl. Gayk (2002), S. 27 f.
[63] Vgl. Meifert (2004), S. 35.
[64] Vgl. Saum-Aldenhoff (2007), S. 56.
[65] Bea & Haas (2001), S. 26.

Im Gegensatz zum Durchschnittsarbeitnehmer haben High- und Top-Potentials nahezu freie Berufswahl. Es herrscht in Deutschland momentan ein akuter Mangel an qualifizierten Fach- und Führungskräften, der auch die Wahl des Arbeitgebers beinahe freistellt.[66] High- und Top-Potentials müssen sich nicht mit der allgegenwärtigen Gefahr der Arbeitslosigkeit auseinandersetzen. Im Gegenteil: ein Arbeitgeberwechsel kann den Lebenslauf durchaus interessanter machen. Trotzdem ist auch ein High- beziehungsweise Top-Potential in die Rahmenbedingungen des Unternehmens eingebunden.[67] Er ist verpflichtet, sich nach Einstellung mit dem Team vor Ort auseinanderzusetzen. Dies kann auch für einen sozial sehr kompetenten Arbeitnehmer eine große Herausforderung darstellen.

Die Bindung von Arbeitnehmern an ihren jeweiligen Arbeitgeber wird bereits durch frühkindliche Erfahrungen geprägt. Durch das Erleben der Berufstätigkeit der Eltern reift das Bild des Kindes von der eigenen Arbeitstätigkeit. Darüber hinaus spielt die Eltern-Kind-Beziehung in die Gestaltung der Bindung zu Kollegen und Vorgesetzten hinein.[68]

Zu charakterisieren ist die Beziehung durch folgende Faktoren:[69]

⇒ Qualität der Bindung (Beschaffenheit, Eigenschaft)

⇒ Stabilität der Bindung (Haltbarkeit, Festigkeit, Konstanz)

Dabei gilt, je mehr Ähnlichkeit in Bezug auf Persönlichkeit und Beziehungserwartungen, desto besser für die Stabilität der Beziehung. Übereinstimmen sollten vor allem:

⇒ das Bedürfnis nach Aktivität oder Passivität

⇒ der Wunsch nach Kontakt oder nach Distanz

⇒ Introversion oder Extroversion

⇒ Konventionalität oder Unkonventionalität

---

[66] Vgl. DGFP (2007), S. 11.
[67] Vgl. Geke (2003), S. 40 ff.
[68] Vgl. Bossong (2003), S. 71.
[69] Vgl. Asendorpf & Banse (2000), S. 49.

⇒ der soziokulturelle Hintergrund

⇒ die Seriosität sowie

⇒ die persönlichen Werte und Ziele.[70]

Für die Stabilität der Bindung zwischen Arbeitnehmer und Arbeitgeber gewinnt vor diesem Hintergrund der Abgleich des Stellenprofils und des Unternehmensleitbildes mit den individuellen Vorstellungen des Bewerbers an besonderer Bedeutung. Die Durchführung eines Assessment-Centers ermöglicht in diesem Fall die Analyse der gegenseitigen Erwartungen.

Gemäß der Bedürfnispyramide von Abraham Maslow (1943) ist Sicherheit das Bedürfnis, das bereits als zweitwichtigstes befriedigt sein muss (nach den physiologischen Bedürfnissen), um den Mitarbeiter zur Arbeit / Leistung zu motivieren.[71] Das heisst der Mitarbeiter hat grundsätzlich auch ein starkes Interesse an einer langfristigen, nachhaltigen und stabilen Bindung zum Arbeitgeber.

---

[70] Vgl. Ustorf (2007), S. 37 und vgl. Gmür & Klimecki (2001), S. 29.
[71] Vgl. Bröckermann & Pepels (2004), S. 106.

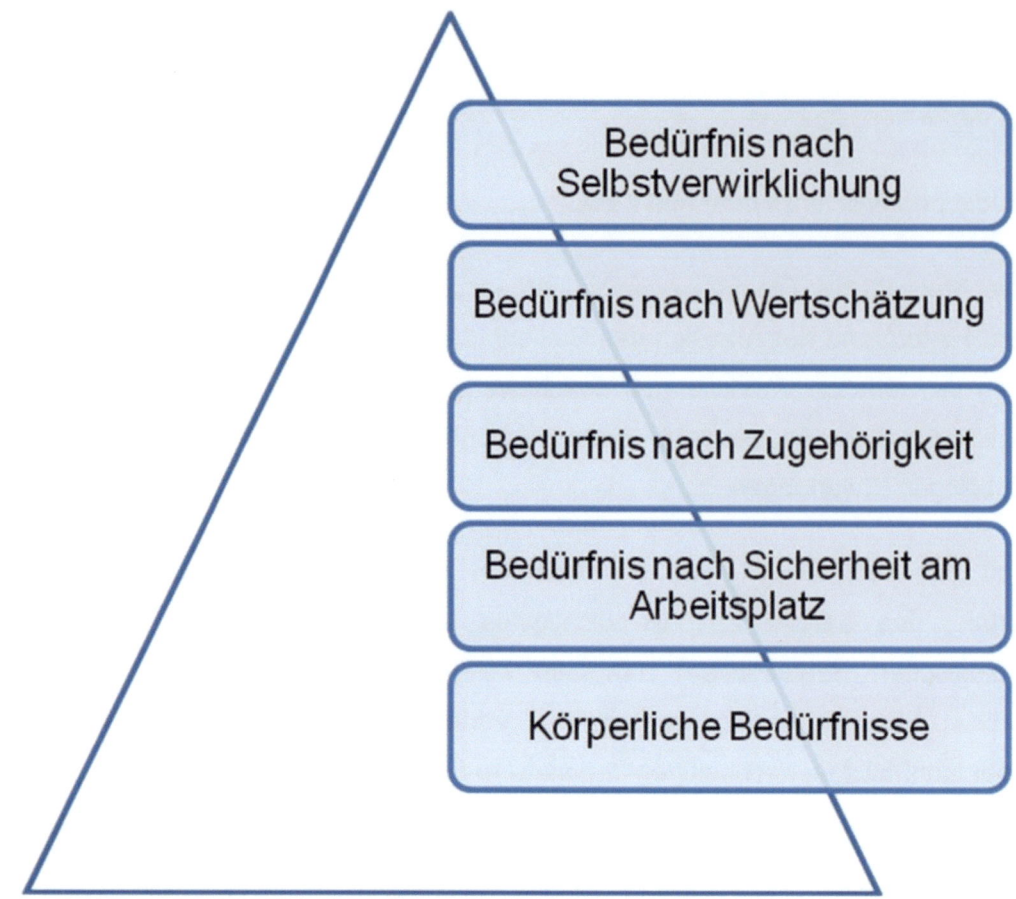

Abb. 9: Motivationspyramide nach Maslow
Quelle: In Anlehnung an Bröckermann (2004), S. 106.

Dies gilt allerdings nicht zwangsläufig für High- und Top-Potentials. Die natürliche Scheu vor potenziell unvorteilhaften Veränderungen (zum Beispiel für schulpflichtige Kinder oder auch den berufstätigen Ehepartner), die mit einem Arbeitgeberwechsel verbunden sein können, sind bei High- und Top-Potentials weniger stark ausgeprägt.[72] Der Grund hierfür liegt darin, dass sich die elitären Leistungsträger ihres Marktwertes bewusst sind und generell Veränderungen offener gegenüberstehen.

Die Bedürfnispyramide von Maslow wurde von Frederick Herzberg (1956) insofern weiterentwickelt, dass er nachweist, dass die Befriedigung des Sicherheitsbedürfnisses nicht für Zufriedenheit, sondern für den sogenannten Zustand der Nicht-Unzufriedenheit sorgt. Denn in der Zwei-Faktoren-Theorie ist Sicherheit lediglich ein Hygienefaktor und kein Motivator.[73] Dies spielt eine große Rolle, wenn es darum geht, welche Voraussetzungen erfüllt sein müssen, damit ein

---

[72] Vgl. Pepels (2002), S. 133 f.
[73] Vgl. Bröckermann & Pepels (2004), S. 108.

Mitarbeiter volle Leistung zeigt beziehungsweise warum er sich für einen Arbeitgeberwechsel entscheidet.

Darüber hinaus kann die Trennung vom Arbeitgeber auch durch die soziale Austauschtheorie beschrieben werden. So schätzt der Mitarbeiter seine Kosten-Investitions-Relation im Vergleich zu anderen Personen ein.[74] Der Gesichtspunkt, nach dem er sich vergleicht, kann dabei sehr unterschiedlich sein:

⇒ nach der Art der Ausbildung

⇒ nach der Leistung

⇒ nach der Dauer der Betriebszugehörigkeit

⇒ nach der Familiengröße

⇒ nach einer Mischung aus all diesen Faktoren

Die soziale Austauschtheorie spielt eine entscheidende Rolle bei der Überlegung, wie attraktiv ein Angebot von einem anderen Unternehmen erscheint.[75]

Die häufigsten Gründe für ungewollte Personalfluktuation sind eine fehlerhafte Personalauswahl beziehungsweise Versäumnisse bei der Integration.[76] Viele Arbeitnehmer kündigen, weil sie sich mit der Unternehmenskultur unwohl beziehungsweise vom Unternehmen nicht geschätzt fühlen. Sie stufen die vorgegebenen Unternehmensziele als unrealistisch ein und sehen keine Weiterentwicklungsmöglichkeiten.[77]

Das Problem im betrieblichen Alltag ist jedoch, dass die Unzufriedenheit der Mitarbeiter bereits weitreichende Auswirkungen hat – lange vor der Entscheidung das Unternehmen zu verlassen. Wie vielfältig sich dies zeigen kann, beweist die nachfolgende Grafik:

---

[74] Vgl. Bröckermann & Pepels (2004), S. 111.
[75] Vgl. Meifert (2004), S. 61 f.
[76] Vgl. Bröckermann (2003), S. 16.
[77] Vgl. Schwierz (2001), S. 38 ff.

Abb. 10: Folgen fehlender Zufriedenheit
Quelle: Eigene Darstellung.

Jeder Personalabgang – unabhängig davon, von welcher Seite er initiiert wurde - hat positive wie auch negative Konsequenzen. So werden mit jeder Kündigung die Personalkosten gesenkt, weshalb Personalabbau noch immer als probates Mittel zur Existenzsicherung in Krisenzeiten gilt. Der gewonnene Freiraum schafft Reorganisations- und Optimierungsmöglichkeiten. In diesem Zusammenhang entstehen unter Umständen Aufstiegsperspektiven für die verbleibenden Beschäftigten. Aber auch die Chance, neue Beschäftigte mit neuen, zugkräftigen Ideen zu verpflichten ist ein positiver Aspekt einer Kündigung.[78]

Auf der anderen Seite entstehen Personalbeschaffungskosten für die Besetzung der freien Stelle wie zum Beispiel:

⇒ der geldwerte Zeitaufwand der Führungskräfte

---

[78] Vgl. Bröckermann & Pepels (2004), S. 17.

⇒ der geldwerte Zeitaufwand der Mitarbeiter der Personalabteilung

⇒ Produktivitätseinbußen während der Einarbeitung

⇒ Kosten für die Vermittlung / Headhunting von Bewerbern

⇒ Kosten von Stellenanzeigen

⇒ Kostenerstattung der Vorstellungsgespräche

Bei der Kündigung eines High- oder Top-Potentials geht ein erheblicher Pool an Wissen und Schlüsselqualifikationen verloren. Es entsteht ein erhöhter Druck auf das verbleibende Personal, der in der Regel mit nachlassender Motivation und Zufriedenheit einhergeht. Zusätzlich reduzieren sich Produktivität und Kreativität beziehungsweise es treten Probleme bei der Erstellung der Produkte / Dienstleistungen auf.[79]

In jedem Fall ist durch eine Kündigung die Kapazität für ein neues Geschäftswachstum reduziert. In der langfristigen Betrachtung kommt es zu einer Erhöhung des Krankenstandes und der Mehrarbeit durch Überlastung. Zu berücksichtigen ist auch, dass sich neue Mitarbeiter oftmals opportunistisch verhalten. Das heisst sie nutzen jede Chance (ohne Rücksicht auf das Unternehmen) zur Optimierung des eigenen Lebenslaufs und der individuellen Lebensgestaltung.[80]

Da die Zufriedenheit der Arbeitnehmer in den klassischen Theorien eine derart zentrale Rolle spielt, werden im Folgenden die Wünsche der Mitarbeiter im Allgemeinen noch einmal zusammengefasst. So sollte der Arbeitgeber nach den Bedürfnissen der Angestellten fragen und diese ernst nehmen sowie ihnen das Gefühl der Unabhängigkeit, der Individualität und Selbstverwirklichung vermitteln. Zusätzlich fordern Arbeitnehmer Mitsprache, die Einbindung in Entscheidungsprozesse, Humanisierung und die Sinnvermittlung in der Arbeit.

Darüber hinaus sorgt die Akzeptanz für außerberufliche Interessen für ein angenehmes Arbeitsklima.[81] Für viele Mitarbeiter ist eine ausgeglichene Work-Life-Balance essentiell, das heisst durch mehr Zeit mit der Familie und für körperliche

---

[79] Vgl. Schuler (2007), S. 507 f.
[80] Vgl. Gertz (2003), S. 56.
[81] Vgl. Armutat (2003), S. 96 und vgl. Pepels (2002), S. 131 ff.

Fitness kann die Zufriedenheit erhöht werden.[82] Zusätzlich kann der Arbeitgeber seine Mitarbeiter mit präventiven Maßnahmen im Gesundheitsmanagement unterstützen und mit einem gezielten Ressourceneinsatz.

Ferner schneiden Arbeitgeber, die vielfältige Möglichkeiten zur beruflichen Weiterentwicklung bieten bei Umfragen durchschnittlich besser ab.[83] Allerdings sollte die „breite und teure Entwicklung aller Mitarbeiter nach dem Gießkannenprinzip" vermieden werden, denn der Mitarbeiter möchte als Individuum geschätzt werden.[84] Einen direkten Anreiz zur Zufriedenheit kann der Arbeitsinhalt bieten. Wenn der Arbeitnehmer spürt, dass er den gestellten Herausforderungen gewachsen ist, die Tätigkeit abwechslungsreich und sinnvoll ist und er auch einen ausreichenden Handlungsspielraum eingeräumt bekommt, dann trägt dies positiv zur Arbeitsatmosphäre wie auch zum Aufbau des Selbstbewusstseins bei.[85] Zusätzlich wünschen sich viele Mitarbeiter die Vergütung der Mehrarbeit.[86] In jedem Fall sollte eine offene Kommunikation gelebt werden.

---

[82] Vgl. Hunziger (2003), S. 52.
[83] Vgl. O.V. (2003), S. 64.
[84] Harss & Schumann (2003), S. 40.
[85] Vgl. Thom & Friedli (2003), S. 64 ff.
[86] Vgl. Bröckermann & Pepels (2004), S. 22 f.

4 Transfer von Bindungselementen in Paarbeziehungen auf die betriebliche Praxis

4.1 Verknüpfung von Paarbeziehung und Retention Management

4.1.1 Vor der Einstellung von High- und Top-Potentials

Im Rahmen der Übertragung von Theorien der Paarbeziehung auf Modelle der Personalbindung werden in diesem Kapitel eine Reihe von Hypothesen aufgestellt. Da diese Verknüpfung – gemäß Eigenrecherche - erstmalig erfolgt, steht eine empirische Untersuchung der jeweiligen Annahmen noch aus. Dennoch entstehen interessante Ansätze:

⇒ die in die Praxis übertragbar sind,

⇒ die dazu anregen, Personalbindung aus anderen Perspektiven zu betrachten und

⇒ die die Denk- und Verhaltensmuster von High- und Top-Potentials nachvollziehbarer und eventuell auch beeinflussbar machen.

Die Bindung von High- und Top-Potentials beginnt bereits weit vor der Einstellung eines neuen Mitarbeiters. So wird durch die Produkte und Dienstleistungen sowie durch die Werbung des Unternehmens bereits bei jedem Menschen ganz individuell ein Image des Unternehmens geprägt. Zusätzlich wird auch ein Bild der Arbeitgebermarke vermittelt. Oft geschieht dies bereits gezielt durch umfangreiche Karriereseiten im Internet, Broschüren für potenzielle Mitarbeiter oder Veranstaltungen für Bewerber.[87] Über Hochschulen und Universitäten entstehen oft erste direkte Kontakte mit den Unternehmen als potenzielle Arbeitgeber. Schliesslich können im Rahmen von Praktika auch erste betriebliche Erfahrungen gesammelt werden und das Unternehmen kann sich selbst ein Bild von den Fähigkeiten des Interessenten machen. Jeder Arbeitgeber sollte daher ein Netzwerk bilden zu Praktikanten, Bewerbern, Beratern, Kunden und Personen im Umfeld der Beschäftigten, um diese bei Bedarf verpflichten zu können. Dadurch können Zeit und Kosten gespart werden und eine effizientere Personalauswahl wird ermöglicht.

---

[87] Vgl. Furkel (2008), S. 38 f.

Diese sogenannten soziodemografischen Faktoren – wie die Dauer der Bekanntschaft vor einer Beschäftigung – spielen später eine entscheidende Rolle für die Qualität der Bindung und deren Zufriedenheit. Der Vorteil ist, dass beide Parteien ausreichend Zeit haben, sich kennenzulernen und dadurch ein detaillierter Abgleich der Ziele, Werte und Wünsche möglich wird. Dies beugt Enttäuschungen beider Parteien vor.

Für die Praxis ist entscheidend, ob der Mitarbeiter an seine Führungskraft oder an das ganze Unternehmen gebunden ist. Als langfristiges Ziel sollte in jedem Fall eine nachhaltige Bindung an das Unternehmen betrachtet werden, die mit einer hohen Identifizierung der zu vertreibenden Produkte und Dienstleistungen einhergeht. Die Erfahrung zeigt jedoch, dass eine charismatische Führungskraft durchaus ein Team sehr gut zusammenhalten kann. Wenn diese das Unternehmen jedoch verlässt beziehungsweise aus anderen Gründen für diese Aufgabe nicht mehr zur Verfügung steht, werden andere Mitarbeiter unzufrieden beziehungsweise stehen Veränderungen sehr kritisch gegenüber.

Bei der Übertragung von sozialen Bindungstheorien auf das berufliche Umfeld ist zu berücksichtigen, dass das Alter der Kollegen und Vorgesetzten eine entscheidende Rolle spielt. Handelt es sich bei den anderen Teammitgliedern vor allem um Gleichaltrige, so können Bindungstheorien von engen Freunden auf das Verhältnis übertragen werden. Das heisst es entsteht schnell eine lockere Atmosphäre, sie ist geprägt von den Erfahrungen mit privaten Bekanntschaften und Freunden und wäre letztlich auf die Bindung an die Eltern zurückzuführen. Bei Kollegen und Vorgesetzten, zu denen ein großer Altersunterschied besteht, spielen zusätzlich die speziellen Herausforderungen der demografischen Entwicklung eine Rolle, auf die im Kapitel 5.2.1 detaillierter eingegangen wird.

Die Bindung an das Unternehmen hingegen wäre demzufolge eher auf die Modelle der Paarbeziehung übertragbar. Das heisst hier nehmen Erlebnisse mit Vorarbeitgebern Einfluss. Gerade die ersten beruflichen Erfahrungen, hinterlassen einen bleibenden Eindruck. Dies würde bedeuten, dass der erste Arbeitgeber wesentlichen Einfluss auf die künftigen kollegialen sozialen Bindungen und die Teamfähigkeit des Mitarbeiters hat. Dieser Aspekt sollte vor allem bei der Wahl neuer Mitarbeiter Berücksichtigung finden. Das heisst für die Personalberater, dass zur Vorbereitung auf ein Vorstellungsgespräch neben der Auseinandersetzung mit dem Lebenslauf des Bewerbers auch die Analyse des Leitbildes sowie der Werte der Vorarbeitgeber gehört.

Es ist jedoch zu beachten, dass die Analyse der Vorarbeitgeber sehr aufschlussreich sein kann, aber nicht zwangsläufig die Eingliederung des potentiellen neuen Mitarbeiters im eigenen Unternehmen beeinflussen muss. Der Personalberater sollte im Gespräch mit dem Bewerber den Fokus darauf setzen, dass der Bewerber in einem offenen Interview seine bisherigen Tätigkeiten und Erfahrungen schildert. Aus diesen Angaben in Kombination mit dem Hintergrundwissen zum Vorarbeitgeber sollte eine realistische Einschätzung und ein Abgleich mit dem eigenen Leitbild möglich werden.

Im Rahmen der Implementierung dieser Verfahrensweise ist es sinnvoll, das Wissen der Mitarbeiter zu nutzen, die ebenfalls bereits bei dem gleichen Vorarbeitgeber angestellt waren. Dies erfordert wiederum eine offene Unternehmenskommunikation, einen ehrlichen Umgang miteinander sowie einen gut gepflegten Datenbestand im Personalcontrolling. Im Rahmen der Personalbindung wird der jeweilige Bindungsstil in jeder Beziehung mit jedem Arbeitgeber und mit jeder Führungskraft neu ausgehandelt. Darin steckt gerade für High- und Top-Potentials eine große Chance, denn durch ihre hohen sozialen Kompetenzen sind sie sehr aufnahmefähig und sehr wandlungsfähig in dieser Hinsicht. Aufgrund des steten Wandels am Arbeitsmarkt müssen alle Beziehungen stärker als je zuvor individuell erarbeitet und gestaltet werden. Dadurch wachsen die Ansprüche an Arbeitgeber und Arbeitnehmer zusehends.

4.1.2 Während der Beschäftigung

Nachdem im vorangegangenen Abschnitt die Grundlagen für den Aufbau sozialer Beziehungen am Arbeitsplatz gelegt wurden, wird nun detaillierter auf die Ausgestaltung von Bindungen eingegangen sowie auf die zu unterscheidenden Bindungsstile. So wie die Wahrnehmung von Selbst- und Fremdbild zur Analyse von Paarbeziehungen dienen kann, so kann sie auch Grundlage zur Untersuchung der Verhältnisse zu Kollegen und Vorgesetzten sein.

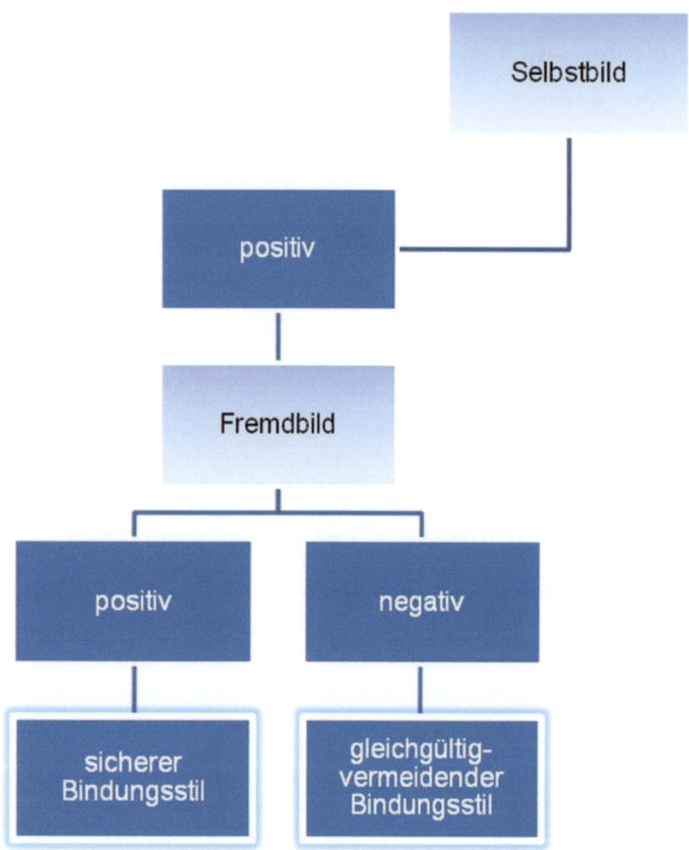

Abb. 11: Bindungsstile von High- und Top-Potentials
Quelle: Eigene Darstellung.

Auf der Betrachtung von Selbst- und Fremdbild aufbauend, ergibt sich für High- und Top-Potentials eine Klassifikation, die zwei Bindungsstile umfasst:

(1) Eine positive Sichtweise der eigenen Arbeitskraft und die Kenntnis des eigenen Marktwertes zeichnen gerade High- und Top-Potentials besonders aus. Bei der Wahl eines imageträchtigen Arbeitgebers oder die Beschäftigung bei einem Unternehmen, welches als Sprungbrett für die weitere Karriere dienen soll, bewerten die Mitarbeiter diesen als positiv. Diese beiden Aspekte

führen zu einer starken Bindung, von der beide Seiten profitieren wollen und können. Der High- oder Top-Potential zeigt sehr gute Leistungen, um sich den Herausforderungen zu stellen und der Arbeitgeber kann die Früchte dieser Arbeit direkt ernten. Wichtig ist dabei jedoch, die Motivation des Mitarbeiters über die ersten Wochen und Monate hinaus auch aufrecht zu erhalten und zu fördern zum Beispiel durch Personalentwicklungsprogramme und individuelles Coaching.

(2) Eine positive Sichtweise des Selbst und eine negative Sichtweise des Arbeitgebers charakterisieren einen gleichgültig-vermeidenden Bindungsstil. Diese Situation kommt zum Beispiel zustande, wenn die aktuelle Position / der aktuelle Arbeitgeber für den High- oder Top-Potential nur eine Zwischenlösung darstellt. Der Grund hierfür liegt zum Beispiel in divergierenden Werten und Zielen oder die Stelle soll als Referenz für eine spätere Bewerbung dienen. Dies hat insofern Auswirkungen auf den beruflichen Alltag, als dass der Mitarbeiter unter Umständen den direkten Kontakt mit Kollegen meidet. Er betont die eigene Autonomie und empfindet keine starke Abhängigkeit von seinem Arbeitgeber. Das heisst trotz der personell sehr guten Voraussetzungen, die der Mitarbeiter mitbringt, zeigt er unter Umständen wenig Motivation, sich für die Tragfähigkeit der Beziehung zu engagieren. Er verhält sich opportunistisch und ist nur auf das Erreichen seiner eigenen Ziele bedacht. Wobei zu berücksichtigen ist, dass die Ziele des Mitarbeiters mit den Vorgaben des Arbeitgebers oftmals über einen langen Zeitraum übereinstimmen. So ist ein High- oder Top-Potential, der den Arbeitgeber als Zwischenlösung betrachtet und sich eine gute Referenz wünscht, sehr darauf bedacht, seine vom Unternehmen vorgegebenen Ziele zu übertreffen. Damit bleibt dem Arbeitgeber das langfristige Ziel seines neuen hochmotivierten und engagierten Mitarbeiters oft noch lange Zeit verborgen. Zusätzlich wiegen sich der Personalberater und die Führungskraft in Sicherheit, dass der Mitarbeiter sich gut eingearbeitet hat und sich augenscheinlich im Team wohlfühlt. Es bedarf eines sehr hohen Maßes an sozialer Kompetenz, Einfühlungsvermögen und Menschenkenntnis, um die Sensibilität für diese Thematik nicht im betrieblichen Alltag außer Acht zu lassen.

In Anlehnung an die Charakterisierung von High- und Top-Potentials in Kapitel 2.2 werden im Rahmen der Bindungsstile keine Mitarbeiter mit negativem Selbstbild analysiert. Zwar ist kein Mensch frei von emotionalen Belastungen, Stimmungs- und Leistungsschwankungen, doch handelt es sich bei High- und Top-Potentials um Mitarbeiter, die wissen, dass sie überdurchschnittlich gute Leistungen erbringen können.[88] Darüber hinaus ist dieser Klientel durchaus bewusst, dass eine große Nachfrage nach ihren Fähigkeiten und Kenntnissen besteht.

Die Tatsache, dass Arbeitgeber wie auch Arbeitnehmer über den herrschenden Fachkräftemangel informiert sind, darf jedoch nicht dazu führen, dass der Arbeitgeber oder die Führungskraft in die Rolle des ängstlich-ambivalenten Partners fällt (siehe Abb. 6). Dies würde bedeuten, dass das Unternehmen sich selbst als negativ bewertet, den High- oder Top-Potential jedoch als die gewinnbringende Koriphäe. Dies hätte zur Folge, dass der Arbeitgeber um jede Fachkraft mit allen zur Verfügung stehenden Mitteln kämpft, sich sehr stark engagiert und trotzdem ständig von den Befürchtungen getrieben wird, der High- oder Top-Potential könnte auf eigenen Wunsch das Unternehmen verlassen. Hingegen lehnt sich der Mitarbeiter zurück und stellt unter Umständen übertriebene Forderungen.

Ein weiteres Charakteristikum für die Gestaltung von Beziehungen zwischen Mitarbeitern und Arbeitgebern kann der sozialen Austauschtheorie entnommen werden. Die Grundannahme ist wie beim sicheren Bindungsstil, dass die Parteien grundsätzlich bestrebt sind, die Beziehung aufrechtzuerhalten. Wenn der Nutzen der Beziehung allerdings deren Kosten übersteigt, so verliert sich auch das Interesse am Fortbestand der Beziehung. So zählt zu diesem Nutzen zum Beispiel das Sammeln einschlägiger Berufs- oder Projekterfahrung, aber auch Gefühle der Zufriedenheit, die aus dem Status im Team oder aus Incentives herrühren. Auf der anderen Seite gehören zu den Kosten einer Bindung körperliche und mentale Aufwendungen, Ängste und Konflikte, entgangene monetäre Leistungen von Konkurrenzunternehmen. In der Austauschtheorie stellen die jeweiligen Erwartungen der Interaktionspartner an ihr Gegenüber den Bewertungsmaßstab - den sogenannten Comparison Level - dar. Das heisst je mehr positive Erfahrungen die Führungskraft mit High- und Top-Potentials bereits gesammelt hat, desto schwerer ist es, sie durch überdurchschnittliche Leistungen zu begeistern. Eine

---

[88] Vgl. Schneewind & Wunderer (2003), S. 20.

44

unternehmensinterne Definition und Sonderstellung dieser Mitarbeitergruppe kann hier Abhilfe schaffen.

Im Unternehmen sollte eine Potenzialanalyse mit der potentiellen Elite durchgeführt werden, um diese im Detail zu identifizieren. Diese Potenzialeinschätzung sollte sich an der Abbildung 2 - Bandbreite der Potenzialanalyse - orientieren, wobei die Fachkompetenz individuell für die jeweilige Position des Mitarbeiters eingeschätzt werden sollte. Wenn der Mitarbeiter diesen Auswahlprozess besteht, wird er unternehmensintern in den Kreis der High- und Top-Potentials aufgenommen und dies wird auch offen gegenüber Kollegen kommuniziert. Dadurch erhält er Privilegien, welche anderen Mitarbeitern verschlossen bleiben. Allerdings erhalten High- und Top-Potentials nach dieser Ernennung auch weitere Pflichten. So ist es zum Beispiel sinnvoll, diese elitären Leistungsträger direkt in den Prozess des Verbesserungsmanagements einzubinden. So können sich die High- und Top-Potentials beispielsweise regelmäßig im Rahmen eines Innovationskreises treffen und Lösungsstrategien für verschiedene gerade anliegende Themen entwickeln.

Der Test sollte dabei so konzipiert sein, dass er nur mit einer bestimmten Punktzahl bestanden werden kann und nicht, dass jeweils die besten ausgewählt werden, denn dadurch könnten Ungerechtigkeiten auftreten und das Unternehmen gewinnt einen besseren Überblick wieviele Mitarbeiter denn wirklich den geforderten Eliteanforderungen entsprechen.

Wichtig ist dabei auch, den Mitarbeiterbestand an High- und Top-Potentials langfristig zu sichern: Daher sollte jeder High- und Top-Potentials die Patenschaft für einen Mitarbeiter übernehmen, der bereits zu dem Kreis der potentiellen Elite gehörte, sich aber im Rahmen der Potenzialanalyse noch nicht endgültig qualifizieren konnte. Die High- und Top-Potentials werden daraufhin geschult, wie sie ihre Paten fördern können und wie sie selbst davon profitieren. Die Paten werden gecoacht und bekommen beispielsweise die Chance, nach 2-3 Jahren erneut an der Potenzialanalyse teilzunehmen. Im Unternehmen sollte darauf geachtet werden, dass das besondere Mitarbeiterklientel von High- und Top-Potentials auch eine außerordentliche Behandlung bei Einarbeitung, Beurteilung, Entgeltfindung, Personalführung, -service und –entwicklung bekommt. So bietet eine leistungsorientierte Entgeltfindung die Möglichkeit, die Motivation zu fördern und sich mit dem Unternehmen zu identifizieren. Darüber hinaus zählen betriebliche

Altersvorsorge, Investitionen in die Kinderbetreuung, besondere Versicherungskonditionen, Mitarbeiterdarlehen und Telearbeitsmöglichkeiten bereits zu den Standards in deutschen Großkonzernen.

Je nach Branche und Marktumfeld sollten den High- und Top-Potentials konkrete berufliche Perspektiven geboten werden, wie zum Beispiel fachspezifische Projekte oder ein globaler Arbeitsplatzwechsel. Als Anerkennung besonders langer Betriebszugehörigkeit, kann das Unternehmen dem Mitarbeiter beispielsweise ein individuelles Coaching schenken.

Die direkte Führungskraft des High- oder Top-Potentials darf den Mitarbeiter nicht als Konkurrenten betrachten, sondern die Chance nutzen, einen solchen Spezialisten zu seinem Team zu zählen. In diesem Zusammenhang sollte dem Mitarbeiter ausreichend Freiraum gelassen werden. Dies bezieht sich neben der Lösung von Aufgaben auch auf die Mitverantwortung bei der Gestaltung der Beziehung zum direkten Vorgesetzten. An dieser Stelle werden demzufolge – durch die Aufnahme eines High- oder Top-Potentials in das Team – an die Führungskraft erhöhte Anforderungen gestellt.

Im beruflichen Alltag muss jedoch Berücksichtigung finden, dass der High- oder Top-Potential nicht nur durch seine Stärken glänzt. Wie jeder andere Mitarbeiter werden sich auch Schwächen bemerkbar machen (zum Beispiel in der Ausführung von routinemäßigen Aufgaben) und der Neurotizismus, welcher diese Mitarbeiter im Allgemeinen charakterisiert, kann sich negativ auf das ganze Team auswirken. Die Eigenschaft, ständig nur auf den eigenen Vorteil bedacht zu sein, stellt damit einen erheblichen Risikofaktor für die Stabilität der Bindung dar.

Die Führungskraft sollte die Chancen, die sich aus der Beschäftigung eines High- oder Top-Potentials ergeben, weitreichend nutzen. So kann – neben der Prämierung der Anwerbung neuer Mitarbeiter – das Werben von High- und Top-Potentials separat prämiert werden. Das heisst wenn ein neuer Mitarbeiter im Rahmen der Potenzialanalyse die geforderten Werte erreicht und unternehmensintern in den Kreis dieses besonderen Klientels aufgenommen wird, so erhält der Mitarbeiter, der diesen High- oder Top-Potential geworben hat einen Extra-Bonus. Dieser kann monetärer Art sein oder durch andere Incentives erfolgen. Auf diese Art und Weise kann auf das Netzwerk von High- und Top-Potentials zurückgegriffen werden, in welchem mit hoher Wahrscheinlichkeit weitere sehr interessante Leistungsträger verborgen sind. Darüber hinaus verbessert sich für die bereits angestellten High- und Top-Potentials das Betriebs- und Arbeitsklima, wenn private Kontakte zu Kollegen werden. Für die Führungskraft ist die Werbung neuer Mitarbeiter ein Indikator für die Zufriedenheit seiner High- und Top-Potentials, denn wenn diese ihren Arbeitgeber sehr engagiert weiterempfehlen, dann fühlen sie sich anscheinend auch selbst wohl.

Eine weitere Möglichkeit, die Chancen von High- und Top-Potentials zu nutzen besteht darin, dem Mitarbeiter den Freiraum zu geben, sein Engagement und seine Initiative konstruktiv auf das restliche Team zu übertragen. So sind Gruppenarbeiten sehr gut dazu geeignet, vom Wissen anderer zu profitieren und gemeinsame Lösungen zu erarbeiten. Dies erweitert den Kenntnisstand aller Beteiligten und erhöht die Partizipation und Autonomie der Gruppe. Die Führungskraft sollte besondere Initiative zeigen bei der Fort- und Weiterbildung seiner High- und Top-Potentials. Insbesondere Team- und Moderationstrainings zum Auf- und Ausbau von Methoden- wie Sozialkompetenz erweisen sich für das Gesamtunternehmen als nachhaltig sinnvoll.

Darüber hinaus muss Berücksichtigung finden, dass High- und Top-Potentials nicht nur vom Unternehmen, sondern auch durch die eigenen Ansprüche unter einem besonderen Druck stehen. Daher sollten auch Aspekte geschult werden, wie das eigene Erleben / die eigenen Gefühle zuzulassen oder auch die Förderung der psychischen Gesundheit durch einen offenen und ehrlichen Umgang miteinander. In der Summe ist es gerade für High- und Top-Potentials sowie alle Fach- und Führungskräfte wichtig, dass das Unternehmen Wege findet Work und Life nicht länger als Gegensätze zu betrachten, die miteinander in Einklang gebracht werden müssen. Der Job und das Leben sollten vom Mitarbeiter wie vom Unternehmen als Einheit betrachtet werden. Aus diesem Grund sollte auch der Arbeitgeber nicht nur an den fachlichen Qualitäten seiner Mitarbeiter Interesse zeigen, sondern auch an privaten. Dies kann zum Beispiel erfolgen durch Abteilungsausflüge oder gemeinsame sportliche Aktivitäten. Wenn die Kollegen im Team zu Freunden werden, trägt dies sehr positiv zum täglichen Umgang miteinander bei, erleichtert die Kommunikation und bindet den einzelnen Mitarbeiter nicht nur an das Unternehmen, nicht nur an die Führungskraft, sondern auch an die anderen Teammitglieder.

Gerade gemeinsame sportliche Aktivitäten tun Körper und Seele gut.[89] So wird die Denkleistung intensiviert und der Teambildungsprozess gefördert.[90] Bei der Umsetzung muss jedoch darauf geachtet werden, dass ausreichend Abwechslung geboten wird, so dass für jeden Mitarbeiter etwas dabei ist und niemand ausgegrenzt wird.

Die Folgen regelmäßiger sportlicher Betätigungen sind: [91]

⇒ Ausbildung günstiger Persönlichkeitseigenschaften

⇒ Stärkung der Kontaktfreudigkeit

⇒ psychische Stabilität / Stärkung des Selbstbewusstseins

⇒ Desensibilisierung / Abbau ärgerlicher Gedanken oder Ängste

⇒ Stärkung des Vertrauens in die eigene Leistung

⇒ Motivation zu Lust auf Erfolg

⇒ Ausgeglichenheit

⇒ Belebung

Der Effekt der Desensibilisierung kann daraufhin auch im beruflichen Umfeld genutzt werden, denn bei Ausdauersportlern überträgt sich das Heranführen an angstbesetzte Handlungen und die allmähliche Überwindung der Angst auch auf andere Lebensbereiche. So können Mitarbeiter an anspruchsvolle Aufgaben herangeführt werden und sie werden diese durch den Generalisierungseffekt als Chance begreifen.[92]

---

[89] Vgl. Reinhardt (2007b), S. 21.
[90] Vgl. Flasspöhler (2007), S. 27.
[91] Vgl. Reinhardt (2007), S. 21.
[92] Vgl. Ebenda, S. 22.

4.1.3 Auflösung von Arbeitsverhältnissen zu High- und Top-Potentials

Ähnlich wie bei einer Paarbeziehung ist eine Trennung aus juristischer Sicht ein Ereignis. Aus sozialwissenschaftlicher Perspektive ist auch die Auflösung eines Arbeitsverhältnisses ein komplexer, mehrdimensionaler und dynamischer Veränderungsprozess. In der Regel führen mehrere Ursachen zu einer Verschlechterung der Beziehung. Einen ersten Überblick über Symptome, die auf den Beginn der Trennungsphase hindeuten, liefert die nachfolgende Grafik:

Alarmsignale der Trennungsphasse
⇒ nachlassende Arbeitsleistung
⇒ Abnahme beziehungsstärkender Verhaltensweisen: mangelndes Lob / fehlende Anerkennung erbrachter Leistungen
⇒ Selektive Wahrnehmung: die Partner sehen die Beziehung in einem schlechten Licht, sie fühlen sich ausgenutzt und haben das Gefühl, zu wenig Freizeit / Flexibilität zu haben
⇒ erhöhte Konflikthaftigkeit
⇒ Inanspruchnahme externer Aus- und Weiterbildungsangebote
⇒ hohe, unerfüllbare Erwartungen
⇒ unterschiedliche Werte / Ziele: gegebenenfalls bei der Einstellung des Mitarbeiters nicht ausreichend abgestimmt beziehungsweise die Partner entwickeln sich während der Beschäftigung auseinander
⇒ Partner wird für die eigene Unzufriedenheit verantwortlich gemacht
⇒ gestörte Kommunikation

Abb. 12: Alarmsignale der Trennungsphase vom Arbeitgeber
Quelle: Eigene Darstellung.

Aufgrund der hohen Professionalität und Kompetenz von High- und Top-Potentials drückt sich Unzufriedenheit im Beschäftigungsverhältnis jedoch nicht zwangsläufig im Arbeitsergebnis aus. Daher kommt die Trennung für den Arbeitgeber oftmals plötzlich, schnell und unerwartet. Eine Ausnahme bilden hier Projekttätigkeiten.[93]

Die Vielzahl einzelner - an sich unbedeutender Handlungen - welche die Trennung einläuten, lassen sich direkt von der Paar- auf die Personalbindung übertragen. So kommt es zu einer Abnahme beziehungsstärkender Verhaltensweisen (wie zum Beispiel Lob und Anerkennung). Mit der Abnahme der Qualität und der Zufriedenheit der sozialen Beziehungen am Arbeitsplatz sehen die Partner ihre Beziehung zunehmend in einem schlechten Licht. Von der sich anschliessenden selektiven Wahrnehmung sind sowohl Durchschnittsarbeitnehmer als auch High- und Top-Potentials betroffen: Viele Mitarbeiter konzentrieren sich mehr auf die negativen Aspekte ihrer Beziehung und übersehen die positiven.[94] Hinzu kommt, dass sie aus ihrer Enttäuschung und Unzufriedenheit heraus oft den Eindruck gewinnen, sie würden zu wenig von der Beziehung profitieren, der Arbeitgeber würde sie ausnutzen, zu wenig Freizeit einräumen, zu wenig Flexibilität beim Abbau von Überstunden walten lassen oder die Mitarbeiter in ihrer persönlichen Entwicklung nicht ausreichend fördern.

Aufgrund der erhöhten sozialen Kompetenz von High- und Top-Potentials ist zu erwarten, dass im Zuge des Trennungsprozesses sich auch die Konflikthaftigkeit erhöht, jedoch auf subtilere Art und Weise als in Paarbeziehungen. So ist zu erwarten, dass die Auseinandersetzungen weit weniger emotional ablaufen, die Interaktionspartner sich rational verhalten, ihre Wünsche und Verbesserungsvorschläge konstruktiv kommunizieren. Aufgrund des hohen Marktwertes von High- und Top-Potentials und dem herrschenden Mangel an Fach- und Führungskräften ist nicht zu erwarten, dass die Mitarbeiter in dieser Phase der Unzufriedenheit konstant verharren. Im Gegenteil: in dieser Phase nutzen High- und Top-Potentials verstärkt ihr in der Regel sehr gut funktionierendes Netzwerk, ergreifen selbst die Initiative und gehen offen auf die Angebote von Headhuntern ein.

---

[93] Vgl. Schmeisser (2000), S. 39 ff.
[94] Vgl. Kienbaum (2003), S. 91.

Der Arbeitgeber sollte besonders aufmerksam werden, wenn Mitarbeiter Aus- und Weiterbildungsangebote externer Einrichtungen wahrnehmen.[95] Grundsätzlich ist es erfreulich, wenn das persönliche Interesse an Qualifizierung besteht. Allerdings ergeben sich aus dieser Entscheidung folgende Fragen:

⇒ Hat die Führungskraft im Vorfeld von dem Wunsch nach Qualifizierung gewusst?

⇒ Konnte dem Mitarbeiter ein internes Angebot als Alternative zur Verfügung gestellt werden?

⇒ Welche Ziele verfolgt der High- oder Top-Potential mit einem Zusatz- oder Aufbaustudium? Möchte er das Tätigkeitsfeld wechseln? Wird er dem Team / dem Unternehmen noch langfristig zur Verfügung stehen?

⇒ Kann er die bisherigen Leistungen für das Unternehmen noch erbringen, wenn er am Abend / am Wochenende nebenberuflich studiert?

Für den Arbeitgeber gibt es sehr unterschiedliche Wege, Interesse für die externe Qualifizierung eines Mitarbeiters zu zeigen. So kann dies zum Beispiel durch eine finanzielle Beteiligung an den Studiengebühren erfolgen oder aber durch die Betreuung von Studien- / Abschlussarbeiten durch hausinterne Führungskräfte. Auf der anderen Seite könnte der Mitarbeiter durch eine Zusatzvereinbarung zum Arbeitsvertrag für einen gewissen Zeitraum an das Unternehmen gebunden werden. Hier würde eine Rückzahlungsklausel der vom Unternehmen getragenen Aus- und Fortbildungskosten sichern, dass die erworbene Qualifizierung nach Abschluss dem Unternehmen zugute kommen kann. Sollte sich der Arbeitnehmer im Rahmen der festgesetzten Frist für die Kündigung entscheiden, so muss er die Kosten anteilig zurückzahlen.[96]

Ein weitere Ursache für Trennungen ist, dass viele Partner zu hohe und letztlich unerfüllbare Erwartungen an die Bindung und ihren Partner stellen. Hinzu kommt, dass High- und Top-Potentials sich unter Umständen selbst zu stark unter Leistungsdruck stellen und ihren Fähigkeiten zu wenig vertrauen. Wenn der Arbeitgeber mit diesem Punkt jedoch sensibel umgeht und neben Fachseminaren

---

[95] Vgl. Schmeisser (2000), S. 61.
[96] Vgl. § 624 BGB.

auch Schulungen der Sozialkompetenz und Arbeitsorganisation anbietet, sollten diese Themen für den Mitarbeiter nicht zur Belastung werden. Ebenso ist der Umgang mit Stress, Konflikten und Burnout im Rahmen von Inhouse-Seminaren zu schulen.

Die Führungskaft sollte ein Vorbild sein, aber auch ein Freund, ein Gesprächspartner, eine Inspiration für kreative Problemlösungen, ein Förderer, ein Forderer, ein Mensch mit einem starken Gerechtigkeitssinn und ein Teamplayer, der seine individuellen Schwächen zeigen kann. Darüber hinaus sollte er sich selbst mit dem Leitbild des Unternehmens identifizieren können.

Gerade die gemeinsame Schulung der Mitarbeiter im Umgang mit Stress kann für das Gesamtunternehmen gewinnbringend eingesetzt werden. So sind die Mitarbeiter besser gewappnet bei Schwierigkeiten und Herausforderungen. Sie werden geschult, trotz des Stresses auch gute Gefühle wahrzunehmen wie zum Beispiel die starke Unterstützung durch Kollegen. Langfristig gesehen entwickeln sich daraus emotional stabile Mitarbeiter, die weniger stressanfällig sind und die Wahrnehmung positiver Gefühle beschleunigt noch einmal den Stressabbau.[97] Dieser doppelte Nutzen kommt dem kompletten Team und dem Zusammengehörigkeitsgefühl zugute.

Destruktive Entwicklungen direkt kurz nach der Einstellung eines neuen Mitarbeiters entstehen in der Regel durch unterschiedliche Werte und Ziele. So haben die Partner die ausgeschriebene Stelle eventuell auf unvereinbare Weise definiert und ausgestaltet. Dieses Risiko kann durch ein ausführliches Assessment-Center reduziert werden. Wie bereits erläutert sollten bei diesem Gespräch in jedem Fall thematisiert werden:

⇒ Tätigkeitsbeschreibung der zu besetzenden Stelle

⇒ Vorstellung von Unternehmensleitbild, Zielen und Werten

⇒ Charakterisierung des Teams, in welchem der Bewerber nach Einstellung tätig wäre

⇒ Analyse der Erwartungen des Bewerbers an das Unternehmen und die ausgeschriebene Stelle

---

[97] Vgl. Reinhardt (2007a), S. 18.

⇒ Ziele und Werte des Bewerbers

⇒ Analyse der persönlichen Stärken und Schwächen des Bewerbers, um einschätzen zu können, ob die Eingliederung in das bestehende Team möglich und sinnvoll ist

Zur Auswertung der zahlreichen Informationen und Eindrücke aus einem Vorstellungsgespräch sollten daher in jedem Fall mehrere Personen aus dem Unternehmen anwesend sein. Sinnvoll ist einerseits das Beisein eines direkten Fachkollegen, der das Tätigkeitsfeld aus der Praxis beschreiben kann und das Team an sich kennt, es vorstellen kann und anhand der Potenzialanalyse des Bewerbers Angaben zu dessen Eingliederung in das Team machen kann. Darüber hinaus sollte der direkte Vorgesetzte anwesend sein. Dies zeigt Interesse und Respekt gegenüber dem Bewerber. Er kann die Vorstellung des Unternehmensleitbildes sowie der Ziele und Werte übernehmen. Aufgrund der in der Regel vorhandenen Erfahrung aus bisherigen Vorstellungsgesprächen ist sein Eindruck über den Bewerber ganz wesentlich. Letztlich ist auch die Anwesenheit eines Mitarbeiters der Personalabteilung sinnvoll, der den Interessenten aufgrund seiner Bewerbung kontaktiert hat und der den Part des Gespräches übernehmen kann, in welchem Rückfragen zum bisherigen Werdegang gestellt werden. Aufgrund seiner Erfahrungen in Vorstellungsgesprächen wird die Meinung des Personalberaters das Bild sehr gut abrunden.

Im Laufe des Beschäftigungsverhältnisses des Arbeitnehmers kann es zu einer Verschlechterung der Bindung an den Arbeitgeber kommen, wenn sich die Partner auseinander entwickeln und neue Prioritäten setzen. So kann eine neue Lebenssituation beispielsweise durch die Gründung einer Familie mit der Veränderung des Verhaltens und der Persönlichkeit des High- oder Top-Potentials einhergehen. Auch aus der Weiterentwicklung des Unternehmens können Gründe für eine spätere Trennung von Mitarbeiter und Arbeitgeber entstehen:

⇒ die Neuausrichtung der Geschäftsstrategie

⇒ Mergers and Acquisitions, das heisst Unternehmenstransaktionen (Käufe und Verkäufe) sowie -zusammenschlüsse

⇒ die gezielte Anpassung von betrieblichen Zielen und Werten

Aus diesem Grund ist es wichtig, im Laufe der Beschäftigung gerade mit High- und Top-Potentials in einem regen kommunikativen Austausch zu stehen und diese entsprechend ihrem individuellen Potenzial in Veränderungsprozesse einzubinden. Das Verständnis für die jeweilige Veränderung fördert auch die Bereitschaft, sich damit auseinanderzusetzen und anzupassen.

Wie in Paarbindungen wird zum Schutz des eigenen Selbstwertes auch in der Beziehung zum Arbeitgeber der jeweilige Partner für die Abnahme der Bindungsqualität verantwortlich gemacht. Das heißt, trotz der hohen sozialen Kompetenz von High- und Top-Potentials ist zu erwarten, dass destruktive Entwicklungen dazu führen, dass die Fronten sich verhärten und die Missstimmung - unabhängig davon, in welchem Bereich sie begonnen hat - schnell auch auf andere Bereiche übergreift. Dies hat wiederum zur Folge, dass die Gespräche oberflächlicher werden, die Gefühle gegenüber dem Mitarbeiter beziehungsweise dem Arbeitgeber negativer und das Verhalten ihm gegenüber ablehnender. In der Regel hat die Verschlechterung der Arbeitsbeziehung negative Folgen für das Wohlbefinden und die seelische Gesundheit des Arbeitnehmers. Für den Arbeitgeber bedeutet dies eine Verschlechterung der Stimmung im Team, der Mitarbeiter bringt sich weniger ein und oftmals ist ein Leistungsrückgang zu verzeichnen.

Im Gegensatz zu Paarbeziehungen – in denen sich die Betroffenen in Konfliktsituationen professionelle Hilfe suchen – ist zu erwarten, dass High- und Top-Potentials die Klärung der Situation selbstständig in die Hand nehmen. Sollte dies aufgrund der individuellen Rahmenbedingungen nicht möglich und keine Besserung in Sicht sein, so ist die Kündigung seitens des Mitarbeiters zu erwarten. Der Grund hierfür liegt vor allem in der hohen Nachfrage nach Spezialisten auf dem deutschen und internationalen Arbeitsmarkt. High- und Top-Potentials sind nicht auf den einen Arbeitgeber angewiesen. Die direkte Führungskraft kann sich in einer Konfliktsituation mit der Personalabteilung in Verbindung setzen und um Hilfe bitten. Diese kann eventuell aufgrund ihrer Erfahrungen neue Lösungsalternativen aufzeigen beziehungsweise eine Versetzung in ein anderes Team in die Wege leiten. Auf diese Weise bestehen Möglichkeiten, den High- oder Top-Potential unter Umständen zwar nicht in seinem originären Tätigkeitsfeld, aber im Unternehmen zu halten. Wichtig dabei ist, dass die Führungskraft über den eigenen Tellerrand hinaus an einer ganzheitlichen und nachhaltigen Lösung für das Unternehmen interessiert ist.

Ist die Kündigung eines High- oder Top-Potentials unvermeidbar, so sollte gerade mit dieser Mitarbeiterklientel ein qualifiziertes Abgangsinterview geführt werden. Bei diesem sollte der direkte Vorgesetzte, wie auch ein Mitarbeiter aus der Personalabteilung sowie der für die Betreuung der High- und Top-Potential zuständige Mitarbeiter anwesend sein. In diesem Gespräch sollten ausführlich die betrieblichen Schwachstellen diskutiert werden, die den Mitarbeiter zur Kündigung veranlasst haben.[98]

Wenn dem High- oder Top-Potential im Unternehmen keine Perspektive geboten werden kann, so sollte besonderer Wert darauf gelegt werden, sich im Guten zu trennen. Kontakte zu Mitarbeitern, die sich bereits bewährt haben, sollten auch aufrechterhalten und gepflegt werden. Gegebenenfalls kann dieser Arbeitnehmer zu einem späteren Zeitpunkt wieder kontaktiert und noch einmal für das Unternehmen gewonnen werden.[99]

Gerade für das sehr ich-bezogene Mitarbeiterklientel der High- und Top-Potentials ist das Ausscheiden aus einem Unternehmen ein markanter Punkt der Karriere. Erfolgt dies aus freien Stücken und auf eigenen Wunsch, so kann der Mitarbeiter die Organisation gehobenen Hauptes verlassen, genießt weiterhin Respekt und Ansehen und wird unter Umständen bei kommenden Stellenausschreibungen erneut kontaktiert. Muss hingegen der High- oder Top-Potential das Unternehmen unfreiwillig verlassen, dann kann dies tiefe Narben hinterlassen. Gerade die von sich überzeugten, sich opportunistisch verhaltenden Fach- und Führungskräfte können mitunter einen derartigen Rückschlag nicht gut verarbeiten. Aus diesem Grund ist es wichtig, bei Einstellung neuer Mitarbeiter nicht nur die Werte und Ziele der Vorarbeitgeber zu analysieren. Auch die Umstände des Ausscheidens sollten im Gespräch erläutert werden. Zusätzlicher Indikator sollte in jedem Fall das jeweilige Arbeitszeugnis sein, denn der Bewerber ist nicht verpflichtet, im Vorstellungsgespräch diesbezüglich wahrheitsgemäß Angaben zu machen.[100]

---

[98] Vgl. Becker (2002), S. 409 f.
[99] Vgl. Leidig (2002), S. 29.
[100] Vgl. Kobi (2000), S. 36 f.

4.2 Hinternisse und Barrieren

In diesem Kapitel werden die im vorangegangenen Abschnitt abgeleiteten Hypothesen und Handlungsempfehlungen kritisch hinterfragt. Einen Überblick über die zu berücksichtigenden Hindernisse bietet die folgende Grafik:

Hindernisse bei der Verknüpfung der Theorien und deren Anwendungsfelder

⇒ Gefahr der Zwei-Klassen-Gesellschaft

⇒ opportunistisches Verhalten der High- und Top-Potentials

⇒ fehlende / mangelnde Kompetenz der Führungskräfte

⇒ Neid der Belegschaft auf die Privilegien und den Sonderstatus der High- und Top-Potentials

⇒ mangelhafte Sensibilisierung für die Begabtenförderung im Unternehmen

⇒ Überbewertung der Alarmsignale der Trennungsphase

⇒ mangelnde Offenheit der Unternehmensleitung und der Führungskräfte gegenüber innovativen Perspektiven und Konzepten

⇒ Ablehnung des partnerschaftlichen oder demokratisch-kooperativen Führungsstils

⇒ Personalplanung lediglich auf der Grundlage ökonomischer Prinzipien

⇒ Mitarbeiter werden nicht als Werttreiber gesehen

⇒ kurzfristige Interessen der Kapitalgeber

Abb. 13: Hindernisse / Barrieren bei der Verknüpfung der Theorien
Quelle: Eigene Darstellung.

Eine allumfassende Frage beim Retention Management von High- und Top-Potentials ist, ob es sinnvoll ist, eine bestimmte Mitarbeiterklientel von der restlichen Belegschaft abzukoppeln, um diese separat zu fördern und zu fordern. An dieser Stelle besteht in der Praxis die Gefahr, dass im Unternehmen eine Art Zwei-Klassen-Gesellschaft entsteht. Auf der einen Seite steht dann die leistungsfähige und begehrte Elite, die den Betrieb strategisch lenkt und auch Krisensituationen meistern kann. Auf der anderen Seite stehen demzufolge die Mitarbeiter, die zur reinen Arbeitsausführung nötig sind, die in ihrer Persönlichkeit aber beliebig austauschbar scheinen. Eine solche Betrachtung muss in jedem Fall vermieden werden und hat nichts mit einer mitarbeiterorientierten Unternehmensführung gemein.

Dass dieses Gefühl der Einteilung der Mitarbeiter in Schichten nicht aufkommt, stellt besondere Herausforderungen an die Führungskräfte, denn in der Konsequenz würde solch eine Situation beide Parteien lähmen:

⇒ die High- und Top-Potentials fühlen sich anfangs geehrt, verhalten sich aber zusehends opportunistischer und die konstruktive Zusammenarbeit mit der Belegschaft wird gestört

⇒ die Mitarbeiter mit durchschnittlichen Leistungen beneiden die spezielle Förderung der High- und Top-Potentials und können die Extrabehandlung der Elite unter Umständen nicht nachvollziehen

Grundsätzlich ist die Akzeptanz vorhanden, dass Mitarbeiter mit besonderen Fähigkeiten / mit besonderem Potenzial auch speziell gefördert werden.[101] Es ist allerdings entscheidend, dass dieses Potenzial auch für andere Mitarbeiter klar erkennbar ist. Die Sensibilisierung des Themas der Personalbindung von High- und Top-Potentials darf nicht dazu führen, dass Führungskräfte und die Personalabteilung zu stark auf die beschriebenen Alarmsignale der Trennungsphase fokussiert sind. Dies kann den Umgang miteinander lähmen. So kann die Inanspruchnahme externer Qualifizierungsmaßnahmen durch den Mitarbeiter eine Abkehr vom Unternehmen einläuten - dies ist aber nicht zwangsläufig der Fall. Hier liegt es in den Händen der Coaches, die den Change-Prozess begleiten, ein

---

[101] Vgl. Hartmann (2008), S. 7.

gesundes Mittelmaß zu finden und die Verantwortlichen darauf aufmerksam zu machen.

Die Instrumente zur Personalbindung von High- und Top-Potentials sind selten neu, sie sind oftmals aus anderen Zusammenhängen bekannt und teilweise in der Praxis schon weit verbreitet. Durch die besondere Grundphilosophie der Personalbindung über die Elemente der Paarbeziehung werden sie jedoch mit neuer Qualität belegt. Generell ist es entscheidend, ein positives und aufgeklärtes Mitarbeiterbild im Unternehmen zu implementieren, denn das Bild, welches die Führungskäfte von ihren Mitarbeitern haben, beeinflusst den jeweiligen Führungsstil. So geht der partnerschaftliche oder demokratisch-kooperative Führungsstil von der Annahme aus, dass Arbeit Befriedigung auslösen kann und die Menschen bereit sind, Verantwortung zu übernehmen. Darüber hinaus sind alle Mitarbeiter im Allgemeinen kreativ und bereit, ihre Fähigkeiten zum Wohle des Unternehmens einzusetzen.[102]

Neben der Definition betriebswirtschaftlicher Richtwerte kann die Festlegung kooperativer Ziele, die der Gesellschaft dienen, den Mitarbeitern das Gefühl geben, dass ihre Arbeit sinnvoll ist. Für die komplette Belegschaft ist es entscheidend, den übergeordneten Sinn nicht aus den Augen zu verlieren und die offene Kommunikation zu nutzen, um Krisen zu überbrücken und auch unangenehme Entscheidungen zu treffen. Letztere sollten in jedem Fall überzeugend und nachvollziehbar dargelegt werden.[103] Um die Marktstellung des Unternehmens langfristig zu sichern beziehungsweise weiter auszubauen ist es essentiell, High- und Top-Potentials zu binden beziehungsweise Mitarbeiter zu fördern.[104] Für den Beginn von Fördermaßnahmen ist es nie zu früh. Potenzielle Bewerber gehören genauso in dieses Schema wie Auszubildende, bei denen die Entwicklung von Beziehungskompetenzen ein fester Bestandteil der Lehre sein sollte. Letztlich geht es um die Förderung stabil-glücklicher Partnerschaften.

Es muss jedoch auch berücksichtigt werden, dass Personalbindung einen erheblichen Kostenfaktor in sich birgt. Im Rahmen der ökonomischen Bedeutung des Personalmanagements müssen Aufwand und Nutzen jeder Aktivität in einem angemessenen Verhältnis stehen. Genau aus diesem Grund orientiert sich die „Bindung bestimmter Mitarbeiter an das Unternehmen (...) insbesondere an den

---

[102] Vgl. O.V. (2002), S. 3 f.
[103] Vgl. Bauer (2007), S. 206.
[104] Vgl. Kobi (2000), S. 31 f.

fachlichen, sozialen und unternehmerischen Kompetenzen des Einzelnen".[105] Zusätzlich ist das Unternehmen den Kapitalgebern Rechenschaft schuldig. Anleger und Gesellschafter sind primär an kurzfristig hohen Renditen interessiert, daher kann die Einführung eines nachhaltigen Personalbindungsmanagements nur gelingen, wenn die langfristigen wirtschaftlichen Vorteile auch gegenüber den Kapitalgebern erkennbar werden. So „muss verdeutlicht werden, dass sich ein effektives und auf Personalbindung ausgerichtetes Management unmittelbar auf die Verbesserung der Unternehmenskultur und damit auf die Mitarbeiterzufriedenheit und -motivation auswirken wird, was wiederum unmittelbar die Gewinnsituation des Unternehmens verbessert".[106]

Allen Mitarbeiterbindungsstrategien ist gemein, dass Wert auf die Individualität des Mitarbeiters gelegt werden sollte, die Abwanderung präventiv bekämpft werden muss und dies in effektiver Art und Weise.[107] Die gemeinsame Aufmerksamkeit gegenüber etwas Drittem, die emotionale Resonanz, das gemeinsame Handeln sowie das wechselseitige Verstehen von Motiven und Absichten fördern den gewinnbringenden Umgang in Paarbeziehungen und auch das Miteinander im Unternehmen.[108]

Es gibt jedoch auch verschiedene Aspekte, in welchen Paarbeziehungen nicht auf Personalbindung übertragbar sind. So muss berücksichtigt werden, dass im Konfliktfall in Paarbeziehungen sich in der Regel ein Prozess der Auseinandersetzung anschließt. Dieser wird nicht selten begleitet von mehrfachen Versuchen, die Beziehung wieder neu zu gestalten. Bei der Personalbindung sind Kündigungen oder auch Versetzungen in den überwiegenden Fällen nicht reversibel. Je nach Struktur der Organisation und Nähe zur Führungskraft bleibt die Unzufriedenheit des High- oder Top-Potential mitunter längere Zeit im Verborgenen. Das tatsächliche Verhalten zeigt sich dann durch den Verbleib im Unternehmen oder durch die Kündigung des Mitarbeiters.

Eine weitere entscheidende Diskrepanz zwischen Paar- und Personalbindungen liegt in der Erfüllung des Sicherheitsbedürfnisses der Beteiligten.[109] Der Arbeitgeber befriedigt dieses Bedürfnis des Mitarbeiters vor allem durch monetäre Anreize (wie zum Beispiel durch eine überdurchschnittliche Vergütung des High- oder Top-

---

[105] Bröckermann & Pepels (2004), S. 33.
[106] Ebenda (2004), S. 41.
[107] Vgl. Meifert (2004), S. 203 ff.
[108] Vgl. Bauer (2007), S. 190 ff.
[109] Vgl. Bröckermann & Pepels (2004), S. 107.

Potential oder auch innovative Angebote zur betrieblichen Altersvorsorge). Das Unternehmen selbst kann bedingt für Sicherheit sorgen zum Beispiel durch verlängerte Kündigungsfristen oder auch durch klare Regeln und Vorschriften. Diese Methode sollte sich auch bei den einzelnen Führungskräften widerspiegeln, durch klare Anweisungen und ein berechenbares Verhalten.[110]

Durch den Wertewandel und die demografische Entwicklung werden die Beziehungsgeflechte zunehmend komplexer. Dieser Aspekt betrifft Paar- wie auch Personalbindungen. So nimmt die Anzahl der beeinflussenden Paarbeziehungen durch die steigende Lebenserwartung zu. Darüber hinaus sinkt die Dauer der durchschnittlichen Beziehungen. Durch den Wertewandel, den Wunsch nach beruflicher Verwirklichung und Jobhopping werden im beruflichen Umfeld umsomehr Erfahrungen von vorangegangenen Arbeitgebern / Führungskräften mit in die neue Bindung übernommen. Aus diesem Grund werden ständig neue Rollenanforderungen an die Betroffenen gestellt.

---

[110] Vgl. Kienbaum (2003), S. 95 ff.

5 Implementierung von nachhaltigen Bindungsstrategien für High- und Top-Potentials

5.1 Voraussetzungen und Vorgehensweise im Change-Prozess

Um die beschriebenen Veränderungen im Unternehmen zu implementieren, sind verschiedene Voraussetzungen zu schaffen und Maßnahmen einzuleiten, auf die im Folgenden eingegangen wird. Einen ersten Überblick bietet die nachstehende Grafik:

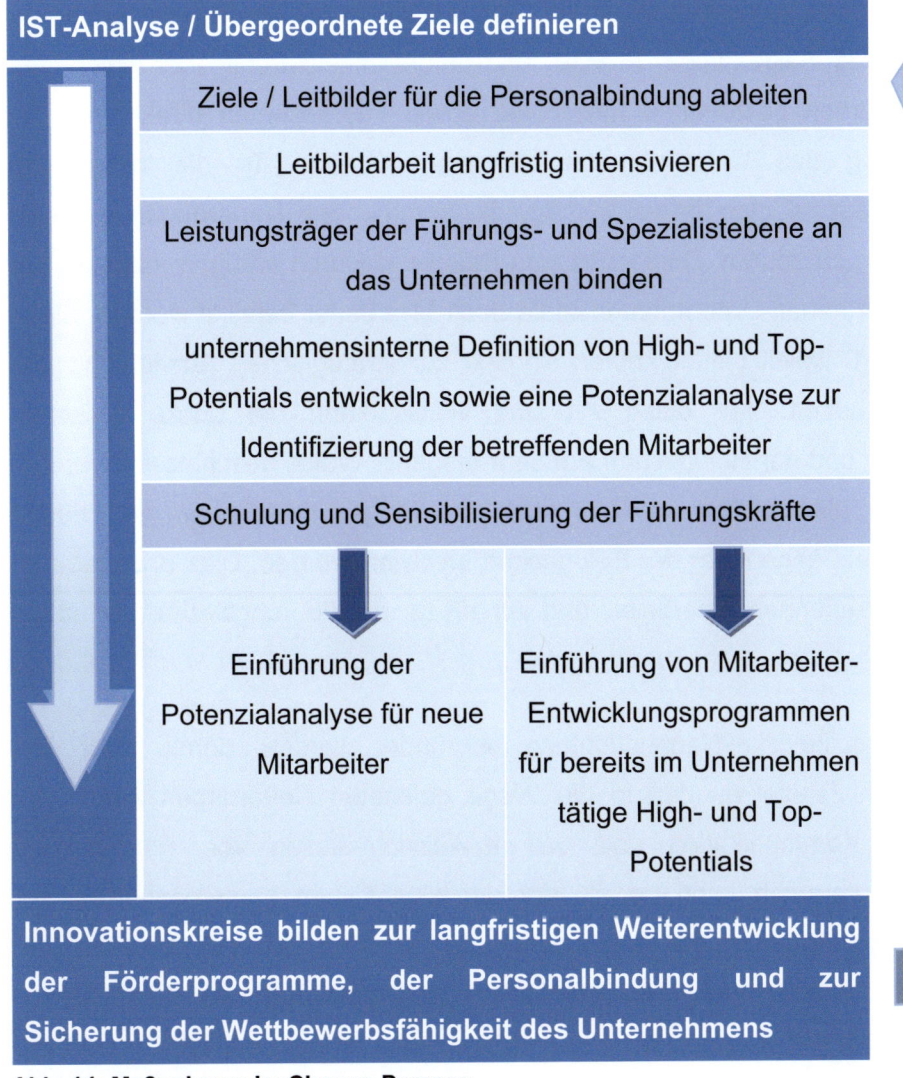

Abb. 14: Maßnahmen im Change-Prozess
Quelle: Eigene Darstellung.

Vor der Einführung einer derart grundlegenden Veränderung im Unternehmen sollten in jedem Fall eine ausführliche IST-Analyse sowie die Prüfung des Unternehmenszieles stehen. Da es sich um eine Neubewertung des Humankapitals handelt, wird diese auch auf andere betriebswirtschaftliche Komponenten weitreichende Auswirkungen haben. In jedem Fall wird die Bedeutung der Leistung der Mitarbeiter an Priorität gewinnen.

Aus den neuen beziehungsweise angepassten Unternehmenszielen können im Anschluss darauf aufbauende Leitbilder für die Personalbindung entwickelt werden. Um diese zum Leben zu erwecken, ist die Kommunikation mit der Belegschaft sowie eine effiziente und zielgerichtete Presse- und Öffentlichkeitsarbeit erforderlich. Auf diese Weise werden bestehende Mitarbeiter sowie Interessenten direkt über die neue Aufstellung des Unternehmens informiert. Gerade für die bereits im Unternehmen Beschäftigten ist es wichtig, die kommenden Neuerungen auch im beruflichen Alltag zu spüren. Dies kann zum Beispiel dadurch erfolgen, dass an der Ausarbeitung der neuen Unternehmensziele auch Mitarbeiter beteiligt werden, die in ihrer originären Tätigkeit bisher keinen Kontakt zur strategischen Ausrichtung des Unternehmens hatten. Auf diese Art und Weise kann die Lücke zwischen Geschäftsleitung und der Belegschaft auf sehr elegante Weise geschlossen werden. Die strategisch Mitwirkenden sollten auch in die Kommunikation der neuen Unternehmensziele gegenüber der Belegschaft involviert werden. Dies erweitert den Horizont der betreffenden Mitarbeiter und schafft für die Führungskräfte die nötige Nähe.

In jedem Fall sollte die Neuausrichtung begründet werden, damit unter den Mitarbeitern kein Zweifel an den in die Wege geleiteten Neuerungen auftritt. Im Gegenteil: die Kommunikation und das In-Aussicht-stellen von Förder- und Entwicklungsprogrammen kann bereits vor der eigentlichen Implementierung zur Motivation und zur Erhöhung der Personalbindung beitragen. Generell sollte mit dem überarbeiteten Leitbild auch die langfristige Intensivierung der Leitbildarbeit einhergehen. Dazu gehört neben der regelmäßigen Überprüfung der Werte und Ziele des Unternehmens an Marktveränderungen auch die regelmäßige Präsenz von Leitsätzen / Werten gegenüber den Mitarbeitern sowie die Einbettung in den beruflichen Alltag.

Für diese ersten Schritte im Change-Prozess ist die Gewinnung der Fach- und Führungskräfte als Schlüsselpersonen von zentraler Bedeutung. Letztlich können in einem Großkonzern die Mitarbeiter nur über die tätige Führungskraft erreicht werden. Nur wenn die Führungskraft neue Prioritäten setzt, diese kommuniziert und die Mitarbeiter positive Veränderungen spüren, ist die Basis für eine nachhaltige Auseinandersetzung und Identifikation mit den neuen Werten geschaffen.

Zu den klassischen Personalbindungsstrategien, welche eine Führungskraft aus Sicht der Geschäftsleitung zu einem Verbündeten machen, zählen in der Regel variable Vergütungssysteme, eine hohe Führungsqualität sowie ein unternehmerisches Leitbild. Nachdem Fach- und Führungskräfte sowie die Mitarbeiter bereits für das Thema der Neuorientierung im Personalbereich sensibilisiert wurden, sollte eine unternehmenseinheitliche Definition für High- und Top-Potentials aufgestellt werden. Diese ist branchen- und stellenspezifisch und bedarf daher der Auseinandersetzung mit den Fachkräften vor Ort. Auf dieser Grundlage kann dann im Sinne der Abbildung 2 eine Potenzialanalyse entwickelt werden, durch welche diese Mitarbeiter identifiziert werden können. Es ist sinnvoll, je nach Leistungsträger unterschiedliche Bewertungsmaßstäbe anzusetzen und demzufolge auch unterschiedliche Tests zu erarbeiten beziehungsweise differierende Erfolgsschwellen. So wird beispielsweise ein Berufsanfänger mit herausragendem Studienabschluss inklusive Auslandserfahrung keine Chance haben im Vergleich zur sozialen Kompetenz einer seit Jahren erfolgreich tätigen Führungskraft. Durch die Lebenserfahrung und die bereits in der Praxis erprobten beruflichen Fähigkeiten würde die Führungskraft den Berufsanfänger jeweils übertrumpfen. Allerdings können beide das Potenzial mitbringen, sich als überdurchschnittliche Mitarbeiter zu beweisen. Darüber hinaus sind beide Mitarbeitergruppen für die langfristige Aufstellung des Unternehmens am Markt essentiell und vor allem können sie direkt voneinander profitieren.

Nachdem im Unternehmen selbst die Definition von High- und Top-Potentials sowie die Potenzialanalyse entwickelt wurden, sollte wiederum auf Fach- und Führungskräfte zugegangen werden, um sie von den neuen Möglichkeiten zu informieren. Erst durch die Einbindung der Führungskräfte kann auch überzeugend argumentiert werden, wie die Mitarbeiter selbst und die individuellen Teams von den neuen Chancen profitieren können. Dabei ist vor allem darauf zu achten, dass der

Führungskraft bewusst ist, dass ein High- oder Top-Potential in seinem Team keine Bedrohung darstellt. Darüber hinaus muss dafür sensibilisiert werden, dass auf die elitären Mitarbeiter auch Sonderaufgaben und -pflichten zukommen und sie daher nicht zu 100% für die originäre Aufgabe laut Stellenausschreibung zur Verfügung stehen werden. Schliesslich wird ihr Potenzial nicht allein in dem jeweiligen Team, sondern auch für übergreifende Projekte benötigt.

Wenn die Mitarbeiter im Unternehmen über diesen zusätzlichen Auswahlprozess für High- und Top-Potentials informiert wurden, kann der Transfer in die Praxis erfolgen. Die Auswahl zur Teilnahme an dem Testverfahren sollte auf Empfehlung einer Führungskraft erfolgen. Dies heißt wiederum, dass es empfehlenswert erscheint, diesen Test nicht mit bisher unbekannten Interessenten durchzuführen, weil er sehr zeit- und kostenintensiv sein wird aufgrund des erheblichen Umfangs. Daher ist es sinnvoll, dass sich neue Mitarbeiter erst in der Praxis bewähren und daraufhin von ihrer Führungskraft zur Teilnahme vorgeschlagen werden - wenn diese das entsprechende Potenzial in ihrem neuen Mitarbeiter sieht.

Auch für die bereits im Unternehmen tätigen Mitarbeiter sollte die Empfehlung zur Teilnahme über die Führungskraft laufen. In jedem Fall muss es die freie Entscheidung des Mitarbeiters bleiben, ob er an einem Test teilnehmen möchte und der Empfehlung seines Vorgesetzten folgt oder nicht. Der Test kann dann - bei Anmeldung der entsprechenden Mitarbeiter - durchgeführt werden und sollte sich, ähnlich dem Aufbau eines Assessment- oder Development-Centers, aus verschiedenen Testverfahren zusammensetzen. Je nach Position zählt dazu beispielsweise:

⇒ eine Fallstudienbearbeitung im Team

⇒ eine Präsentation

⇒ die Simulation eines Kritikgespräches mit einem Mitarbeiter

⇒ ein Fachvortrag

⇒ psychologische Tests

Für die praktische Umsetzung wäre es wünschenswert, wenn sich trotz Mehrkosten und einem höheren Arbeitsausfall der potentiellen Elite der Auswahlprozess über mindestens zwei Tage erstreckt. Auf diese Weise kann der überdurchschnittlich gute Mitarbeiter mit einem Aufenthalt in einem Hotel und eventuell einer sportlichen Aktivität belohnt werden. Darüber hinaus können die Beobachter eine Entwicklung der Kandidaten verfolgen und haben die Möglichkeit, sich ein nachhaltigeres Bild zu verschaffen, welches weniger durch die auftretende Nervosität der Mitarbeiter gekennzeichnet ist. Das Ambiente sollte so gewählt werden, dass dem Mitarbeiter deutlich wird, dass bereits die Teilnahme an dem Testverfahren eine Auszeichnung darstellt. Aus diesem Grund sollte die Empfehlung durch die jeweilige Führungskraft auch nur sehr selektiv erfolgen.

Wenn der Mitarbeiter eine bestimmte - vorher definierte - Punktzahl während der Testverfahren erreicht, wird ihm unternehmensintern die Aufnahme in den Kreis der High- und Top-Potentials angeboten. Im Vorfeld ist es wichtig, mit dem Mitarbeiter detailliert zu sprechen, welche Konsequenzen diese Mitgliedschaft hat. Denn wie bereits erwähnt kommt er nicht nur in den Genuss von speziellen Aus- und Weiterbildungsmöglichkeiten, sondern ihm werden auch verschiedene Pflichten auferlegt. Die Mitarbeiter, welche die geforderte Punktzahl nicht erreichen, sollten trotzdem speziell gefördert werden.

Eine Patenschaft und das persönliche Coaching durch einen High- oder Top-Potential ist in diesem Fall für beide Seiten eine lohnenswerte Investition. Dem Mitarbeiter sollte nach beispielsweise zwei bis drei Jahren erneut die Möglichkeit gegeben werden, wieder an einem Test teilzunehmen - wenn seine Führungskraft ihn zu diesem Termin erneut vorschlägt. Als eine der zentralen Pflichten der High- und Top-Potentials sollte die Teilnahme an einem Innovationskreis angesehen werden. In diesem können die Mitarbeiter den Prozess des betrieblichen Vorschlagswesens aktiv unterstützen und im speziellen auch an der Weiterentwicklung der Förderprogramme, der Festigung der Personalbindung sowie der Sicherung der Wettbewerbsfähigkeit des Unternehmens arbeiten.

Langfristig betrachtet ist es entscheidend, dass es sich bei dem Change-Prozess um ein rollierendes System handelt. So ist die Überprüfung und Anpassung der Unternehmensziele in regelmäßigen Abständen nötig und demzufolge auch die Ableitung entsprechender Personalbindungsstrategien. Die Einführung der erörterten

Auswahlverfahren darf nicht als einmaliges Projekt verstanden werden, sondern muss regelmäßig an Markt- und Branchenveränderungen, an die Demografie und globale Herausforderungen angeglichen werden.

5.2 Besonders zu berücksichtigende Faktoren

5.2.1 Werteentwicklung und -wandel

Bei der Analyse von Paarbindungstheorien sowie bei der Untersuchung von Personalbindungen müssen verschiedene Faktoren speziell herausgestellt werden. Dies betrifft einerseits den Wertewandel sowie die demografische Entwicklung. Beim Wertewandel handelt es sich um einen Prozess, der vor allem in den westlichen Industrieländern zu umfassenden Verhaltens- und Einstellungsänderungen führte. Damit ging eine starke Individualisierung einher sowie die Zunahme sogenannter nicht-materieller Werte wie Emanzipation oder Umweltschutz. Auf dieser Grundlage sind neue gesellschaftspolitische Einstellungen entstanden.[111]

Das Phänomen des Wertewandels betrifft jede Generation und zeigt sich darin, dass gemeinschafts- und gesellschaftsbezogene Werte an Bedeutung verlieren. Auf der anderen Seite werden selbstbezogene, hedonistische Aspekte übergeordnet. Die folgende Grafik bietet einen Überblick über

⇒ die fünf wichtigsten Werte und

⇒ die fünf am wenigsten wichtigen Werte,

die im Rahmen einer empirischen Anlayse ermittelt werden konnten:

---

[111] Vgl. Schubert & Klein (2006), S. 367.

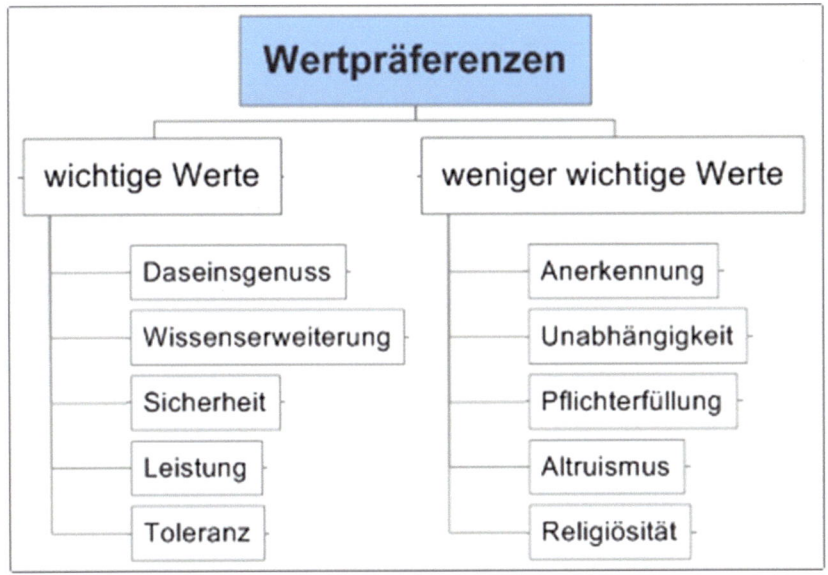

Abb. 15: Empirisch ermittelte Wertpräferenzen
Quelle: In Anlehung an Lukesch (2008), S. 10 f.

Der Wertewandel der Gesellschaft geht mit der Veränderung von Persönlichkeiten, der Anpassung von Partnerschaft und Veränderungen in der Kindererziehung einher. So gehört zu den Phänomen unserer Zeit, dass die zunehmende Reflexion und Pädagogisierung der Elternrolle durch eine Schar von Experten bei vielen Eltern Zweifel an ihrer eigenen Erziehungsfähigkeit nähren.[112] Insgesamt ist im Erziehungsbereich ein Rückgang konventioneller Normen der Einordnung, wie Disziplin, gute Umgangsformen und Achtung, festzustellen. Auf der anderen Seite nehmen Autonomiewerte, wie persönliche Selbstständigkeit, eigene Urteilsfähigkeit und Selbstbewußtsein, zu. Zum Ausdruck kommt dabei ein Schwinden des prämodernen Wertes der Autorität. Das erzieherische Verhältnis verliert sein hierarchisches Gefälle und tendiert zu einer zunehmend partnerschaftlichen Beziehung.[113] Das Erleben des partnerschaftlichen Umgangs mit den Eltern hat nachhaltigen Einfluss auf alle kommenden sozialen Bindungen und die Gestaltung der sozialen Netzwerke. So wirken sich die gemachten Erfahrungen nicht nur auf den eigenen Freundeskreis, sondern auch auf die Paarbeziehung, auf das Verhältnis zu Kollegen und auf die Bewertung des eigenen Arbeitgebers im Erwachsenenalter aus.

Hinzu kommt, dass nicht nur die Stellung der Eltern sich in den letzten Jahren weiterentwickelte, auch die Position des Kindes wurde modifiziert. Der Eigenwert des Kindes liegt heute sehr viel höher als in der Vergangenheit. Kinder dienen der

---

[112] Vgl. Schneewind (2002), S. 14.
[113] Vgl. Herzog, Böni & Guldimann (1997), S. 60 ff.

Sinnstiftung und sie sind eine Quelle emotionaler Bedürfnisbefriedigung.[114] Diese besondere Stellung des Kindes prägt das Selbstbild von Anfang an. Gerade darin ist die Tendenz begründet, warum fähige Mitarbeiter zunehmend selbstbewußt auftreten und hierarchische Strukturen in Unternehmen immer weniger Akzeptanz finden.

5.2.1 Einflüsse der demografischen Entwicklung

Wie der Definition im Kapitel 2.2 zu High- und Top-Potentials zu entnehmen ist, handelt es sich bei dieser Mitarbeitergruppe nicht zwangsläufig um junge Absolventen mit Auslandserfahrung, die sehr engagiert sind. Im Gegenteil: Aufgrund der aktuellen demografischen Entwicklung in Deutschland nimmt der Anteil der Belegschaft im mittleren bis hohen Alter stetig zu. In weniger als zehn Jahren werden die 50-64-jährigen die 35-49-jährigen als stärkste Gruppe der Erwerbstätigen abgelöst haben.[115] Beide vorgenannten Mitarbeitergruppen bringen im Vergleich zu jungen Absolventen ganz andere Qualitäten mit in das Unternehmen. So haben reifere Mitarbeiter realistischere Vorstellungen von Beziehungen. Sie bringen auch beziehungstechnisch mehr Erfahrungen mit von Vorarbeitgebern und Ex- beziehungsweise aktuellen Lebenspartnern. Das Problem des opportunistischen Verhaltens, wie es High- und Top-Potentials zugeschrieben wird, verringert sich mit dem Alter.

Auf der anderen Seite muss berücksichtigt werden, dass reifere Mitarbeiter andere Prioritäten in ihrem Leben setzen. Das Privatleben gewinnt an Bedeutung, Überstunden werden schlechter akzeptiert und die Mobilität ist durch Familie und Eigenheim stark eingeschränkt. Damit verschärft sich der sogenannte „war for talents" sehr branchen- und stellenspezifisch. In jedem Fall sollte das Unternehmen die Demografie als Chance verstehen und sich um Diversity der High- und Top-Potentials bemühen. Durch eine Mischung verschiedener Altersgruppen, verschiedener Kulturen und verschiedener Fachrichtungen können alle Beteiligten nachhaltig profitieren.[116]

Im beruflichen Alltag ist zu berücksichtigen, dass reifere Mitarbeiter - gerade bei den monetären Anreizen - auf eine andere Art und Weise motiviert werden müssen. Grundsätzlich werden Gehaltssteigerungen positiver wahrgenommen als

---

[114] Vgl. Peuckert (2005), S. 137 f.
[115] Vgl. Richenhagen (2007), S. 48.
[116] Vgl. McKinsey (2008), S. 9 f.

Tarifsteigerungen.[117] Doch in der Regel sind Tarifgehälter so strukturiert, dass die Mitarbeiter in jungen Jahren alle zwei bis drei Jahre mit einer Erhöhung rechnen können. Dies wird mit zunehmendem Alter und zunehmender Betriebszugehörigkeit jedoch sehr viel seltener. Danach fallen Sozialleistungen, die beispielsweise erst mit einer Betriebszugehörigkeit von fünf oder zehn Jahren zuteilungsreif werden, sehr viel mehr ins Gewicht.

Darüber hinaus gehen mit der Alterung der Belegschaft auch die Erhöhung der Krankenstände sowie der Anteil der Langzeit- und chronisch Erkrankten einher. Dies bedeutet für das Unternehmen neben dem Einbüssen von Leistungsfähigkeit auch den Verlust von Erfahrungen, ein erhöhter Aufwand für die betriebliche Wiedereingliederung sowie höhere Sozialabgaben. In den Unternehmenszielen muss daher implementiert sein, die Beschäftigungsfähigkeit dauerhaft zu managen. Das heißt es sollten Verhaltensweisen gefördert werden, die eine aktive und nachhaltige Teilnahme am wirtschaftlichen und gesellschaftlichen Leben ermöglichen.[118] Einen Überblick über die Handlungsfelder einer demografiebewussten Personalführung liefert die nachfolgende Grafik:

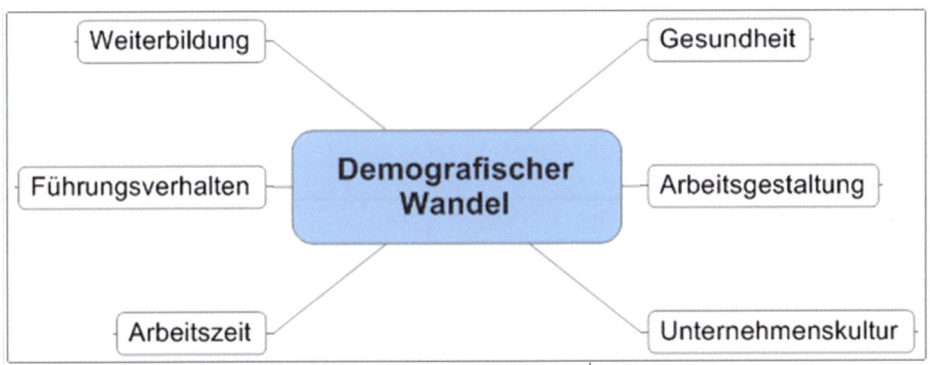

Abb. 16: Handlungsfelder demografiebewussten Personalmanagements
Quelle: In Anlehnung an Richenhagen (2007), S. 50.

Ein ganz wesentlicher Punkt im Zusammenhang mit demografieorientierter Führung ist die Weiterbildung von Mitarbeitern in allen Altersgruppen. Das Ziel muss sein, den Verbleib älterer Arbeitnehmer im Unternehmen zu fördern und gleichzeitg Ansätze und Strategien zur Stärkung von Leistungs- und Innovationsbereitschaft älterer Beschäftigter zu entwickeln und umzusetzen. Aber gerade die Teilnahme an betrieblich organisierten Weiterbildungsveranstaltungen stellt für ältere Mitarbeiter oft eine große Überwindung dar. Der Besuch derartiger Seminare liegt in der Regel

---

[117] Vgl. Bröckermann & Pepels (2004), S. 112.
[118] Vgl. Richenhagen (2007), S. 49 f.

lange zurück und es existiert mitunter eine enorme Hemmschwelle, sich vor Kollegen und dem Vorgesetzten zu blamieren. Daher sollte die Führungskraft auf diese Thematik besonderes Augenmerk legen und sensibel auf eventuelle Anzeichen reagieren. Gerade die Gleichstellung von informell erworbenen Kompetenzen mit formal erarbeiteten Qualifikationen kann hier praktische Hilfestellung leisten und kommt - unabhängig vom Alter - dem gesamten Team zugute.

6 Zusammenfassung und Ausblick

In dieser Arbeit wurde das Retention Management von High- und Top-Potentials behandelt. Dies erfolgte auf der Grundlage von psychologischen Bindungstheorien, die in der Paarbeziehung und -beratung eine Rolle spielen. Diese Verknüpfung wurde bisher - gemäß Eigenrecherche - noch nicht vorgenommen. Aus diesem Grund handelt es sich bei dieser Arbeit um eine theoretische Auseinandersetzung inklusive der Ableitung praktischer Handlungsempfehlungen. Bisherige Theorien zur Personalbindung fußen auf Modellen zur Motivation von Mitarbeitern, zur Arbeitszufriedenheit sowie auf Stress und Belastung.

Die Mitarbeiterklientel der High- und Top-Potentials ist für Unternehmen gerade zu Krisenzeiten essentiell. Ihr Potenzial werden sie jedoch nur dauerhaft in der Organisation zum Einsatz bringen, wenn diese auch die gewünschten Rahmenbedingungen schafft. Andernfalls werden Fach- und Führungskräfte sinkende Leistungsbereitschaft zeigen oder das Unternehmen verlassen, um nach neuen Perspektiven zu suchen.

Durch die Übertragung von Paarbindung auf das Retention Management von High- und Top-Potentials konnte ermittelt werden, dass Spitzenkräfte entweder sicher oder gleichgültig-vermeidend an den Arbeitgeber gebunden sind. Die jeweilige Differenzierung erfolgt in der Bewertung des Fremdbildes, mit welchem der Mitarbeiter seinen Arbeitgeber sieht. Schätzt der Mitarbeiter seine Führungskraft, die Organisation und deren Werte beziehungsweise Ziele positiv ein, so kann sich eine stabile Bindung an das Unternehmen entwickeln. Wird hingegen der Arbeitgeber negativ bewertet und ist beispielsweise nur eine Übergangslösung oder dient als Karrieresprungbrett, so bleibt die Bindung gleichgültig-vermeidend. Daraufhin ist der High- oder Top-Potential wechselwillig, wenn sich eine adäquate Alternative bietet.

Für das Unternehmen bedeutet dies, die Rahmenbedingungen so zu schaffen, dass der Mitarbeiter:

⇒ das positive Bild vom Unternehmen aufrecht erhält beziehungsweise

⇒ das negative Bild in ein positives wandelt

Für die Umsetzung in die Praxis ist es entscheidend, die Potenzialträger zu definieren und zu identifizieren. Erst durch die Neuausrichung des Leitbildes und die Sensibilisierung der Führungskräfte können die Rahmenbedingungen für ein nachhaltiges Retention Management der Elite geschaffen werden. Unter Berücksichtigung spezifischer demografischer Aspekte können hier auch ältere Mitarbeiter integriert werden. Letztlich können die hohen Herausforderungen, denen Unternehmen täglich gegenüberstehen, nur langfristig gemeistert werden, wenn Spitzenkräfte zufrieden und stabil an das Unternehmen gebunden werden.

Die inhaltsanalytische Auseinandersetzung mit der Thematik schließt derzeit mit der Aufstellung von Hypothesen. Zur weiteren Bearbeitung und Überprüfung der Theorien ist die Implementierung der Handlungsempfehlungen in einem Unternehmen nötig. Darauf aufbauend, kann dann eine empirische Auseinandersetzung erfolgen. Dies schließt einerseits die Befragung der Mitarbeiter sowie die Analyse der Mitarbeiterzufriedenheit und das Controlling der Fluktuationskennzahlen ein. Erst nach einem derart weitreichenden und langfristigen Prozess können die aus den Theorien abgeleiteten Hypothesen auf deren Richtigkeit überprüft werden. Zusätzlich ist es sinnvoll, in einem weiteren Schritt das Thema über deutsche Ländergrenzen hinaus auch global zu analysieren.

Literaturverzeichnis

Aden, K. (2008). Wechselverhalten der Manager - Ergebnispräsentation 15. LAB Managerpanel.

Armutat, S. (2003). Retention ganzheitlich managen. In: Personalführung, Heft 02/2003, S. 96-97.

Asendorpf, J. B. & Banse, R. (2000). Psychologie der Beziehung. Verlag Hans Huber.

Asendorpf, J. B. & Neyer, F. J. (2000). Welcher Beziehungstyp sind Sie? In: Psychologie Heute. Heft 10/2000. S. 28-33.

Asendorpf, J. B. (2007). Psychologie der Persönlichkeit. 4., überarbeitete und aktualisierte Auflage. Springer Medizin Verlag.

Bauer, J. (2007). Prinzip Menschlichkeit - Warum wir von Natur aus kooperieren. 4. Auflage. Hoffmann und Campe.

Bea, F. X. & Haas, J. (2001). Strategisches Management. Stuttgart 2001.

Becker, M. L. (2002). Personalentwicklung. 3. Auflage, Stuttgart 2002.

Bossong B. (2003). Bindungsdimensionen und Studieneinstellungen. In: Gruppendynamik und Organisationsberatung, Heft 01/2003, S. 71-83.

Bröckermann, R. (2003). Personalwirtschaft. 3. Auflage, Stuttgart 2003.

Bröckermann, R. & Pepels, W. (2004). Personalbindung - Wettbewerbsvorteile durch strategisches Human Resource Management. Berlin: Erich Schmidt Verlag GmbH & Co.

Bühner, R. (2000). Mitarbeiter mit Kennzahlen führen – Der Quantensprung zu mehr Leistung. 3. durchgesehene Auflage. Landsberg / Lech: Moderne Industrie.

Deutsche Gesellschaft für Personalführung e.V. (Hrsg.) (2007). Personalblitzlicht: Fachkräftemangel - was kann das Personalmanagement tun? Praxis-Papiere, Ausgabe 08/2007.

Dornes M. (2000). Die emotionale Welt des Kindes. Frankfurt am Main: Fischer.

Flasspöhler, S. (2007). Gedankengänge - Warum Gehen das Denken fördert. In: Psychologie Heute. Heft 08/2007. S. 26-29.

Friedman, H. S. & Schustack, M. W. (2004). Persönlichkeitspsychologie und Differentielle Psychologie. 2., aktualisierte Auflage, Pearson.

Furkel, D. (2008). Botschaften für potenzielle Mitarbeiter. In: Personalmagazin: Management, Recht und Organisation. Heft 08/2008. S. 38-39.

Gayk, F. (2002). Bindung schafft Zukunft. In: Computer + Personal, Heft 03/2002, S. 24-29.

Geke, M. (2003). Interessante Kandidaten ans Unternehmen binden. In: Personalwirtschaft, Heft 04/2003, S. 40-45.

Gertz, W. (2003). Truppen sichern für den War for Talents. In: Personalmagazin - Management, Recht und Praxis, Heft 8/2003.

Gmür, M. & Klimecki R. (2001). Personalbindung und Flexibilisierung. In: zfo, Heft 01/2001, S. 28-34.

Grau, I. & Bierhoff, H. W. (2003). Sozialpsychologie der Partnerschaft. Springer-Verlag.

Harss, C. & Schumann, K. v. (2003). Trendanalyse 2003. in: Personalwirtschaft, Nr. 3/2003, S. 40 f.

Hartmann, M. (2002). Der Mythos von den Leistungseliten - Spitzenkarrieren und soziale Herkunft in Wirtschaft, Politik, Justiz und Wissenschaft. Frankfurt / New York: Campus Verlag.

Hartmann, M. (2008). Elitesoziologie - Eine Einführung. Frankfurt / New York: Campus Verlag.

Herzog, W., Böni, E. & Guldimann, J. (1997). Partnerschaft und Elternschaft. Die Modernisierung der Familie. Bern - Stuttgart - Wien: Haupt.

Hunziger, A. (2003). Mit Worklife-Balance wettbewerbsfähig bleiben. In: Personalwirtschaft, Heft 04/2003, S. 52-55.

Krumwiede, A. (2001). Die Bindungstheorie nach John Bowlby und Mary Ainsworth. Grin Verlag.

Kienbaum, J. (2003). Einführende Gedanken zum visionären Personalmanagement.

Kobi, J.-M. (2000). Management des Personalrisikos. In: Personalwirtschaft, Heft 06/2000, S. 31-37.

Leidig, G. (2002). Risikomanagement im Human-Ressourcen-Bereich. In: Der Betriebswirt, Heft 01/2002, S. 27-33.

Lukesch, H. (2008). Werteentwicklung und Wertewandel bei Jugendlichen und das „Weltbild des Fernsehens". Institut für experimentelle Psychologie, Universität Regensburg.

McKinsey & Company (Hrsg.) (2008). Deutschland 2020 - Zukunftsperspektiven für die deutsche Wirtschaft.

Meifert, M. T. (2004). Mitarbeiterbindung - Eine empirische Analyse betrieblicher Weiterbildner in deutschen Großunternehmen. Rainer Hampp Verlag.

Nerdinger, F. W. (2007). Wie motiviert man Mitarbeiter? In: Psychologie Heute 08/2007, S. 76-81.

Northcutt, S. (2008). Die Guten an einen Tisch holen. In: Network - Connecting management across the Group 03/2008, S. 60-63.

O.V. (2002). Gesprächsführung und Gesprächstechniken für Führungskräfte. MI-Organisation (Hrsg.).

O.V. (2003). Loyale Mitarbeiter. In: Uni Magazin, Heft 02/2003, S. 64.

O.V. (2008). Management Lexikon. Dr. Kraus und Partner (Hrsg.).

Pepels, W. (2002). Personalbindung. In: Bröckermann, R. / Pepels, W. (Hrsg.): Personalmarketing: Akquisition - Bindung - Freistellung. Stuttgart (2002), S. 129-143.

Pepels, W. (2004). Personalzufriedenheit und Zufriedenheitsmessung. In: Bröckermann, R. / Pepels, W. (Hrsg.): Personalbindung: Wettbewerbsvorteile durch Human Resource Management. Erich Schmidt Verlag (2004), S. 51-82.

Peuckert, R. (2005). Familienformen im sozialen Wandel. Opladen: Leske und Budrich.

Reinhardt, S. (2007a). Gute Gefühle in schlechten Zeiten. In: Psychologie Heute. Heft 08/2007. S. 18.

Reinhardt, S. (2007b). Joggen, Walken, Tanzen: Wie Bewegung die Psyche stärkt. In: Psychologie Heute. Heft 08/2007. S. 21-25.

Richenhagen, G. (2007). Personalarbeit und Führung im demografischen Wandel: Beschäftigungsfähigkeit, altersflexibles Führen. In: Personalführung. Heft 08/2007. S. 44-51.

Saum-Aldenhoff, T. (2007). Die unterschätzte Macht der Sekundärtugenden. In: Psychologie Heute. Heft 08/2007. S. 53-57.

Schmeisser, W. (2000). Installation eines Frühwarnsystems. In: Personalwirtschaft, Heft 06/2000, S. 38-45.

Schmidt-Denter, U. (2005). Soziale Beziehungen im Lebenslauf. 4., vollständig überarbeitete Auflage 2005. Basel: Beltz Verlag.

Schneewind, K. A. (2002). Familien zwischen Rhetorik und Realität: eine familienpsychologische Perspektive. In: Wandel der Familie. Schneewind, K. A. & Rosenstiel, L. v. (Hrsg.). Wandel der Familie. Münchener Universitätsschriften. Zürich: Hogrefe-Verlag für Psychologie.

Schneewind, K. A. & Wunderer, E. (2003). Das Beziehungsrezept. In: Psychologie Heute, Heft 07/2003, S. 20.

Schubert, K. & Klein, M. (2006). Das Politiklesikon. 4., aktualisierte Auflage. Bonn: Dietz.

Schuler, H. (2007). Organisationspsychologie. 4., aktualisierte Auflage. Bern: Verlag Hans Huber.

Schwierz, C. (2001). Neue Spielregeln bei Entlassungen. In: Personalwirtschaft, Heft 04/2001, S. 36-41.

Thom, N. & Friedli, V. (2003). High Potentials: Was die Guten bindet. In: Personalmagazin, Heft 02/2003, S. 64-66.

Towers Perrin (Hrsg.) (2008). Global Workforce Study: Was Mitarbeiter bewegt zum Unternehmenserfolg beizutragen - Mythos und Realität.

Tracey, W. R. (2004). The human resources glossary: the complete desk reference for HR executives, managers and practitioners. 3rd edition. CRC Press LLC.

Ustorf, A.-E. (2007). Wir verlieben Sie! In: Psychologie Heute. Heft 08/2007. S. 34-39.

Vedder, G. & Mehring, I. (2002). Personalbeschaffung bei Fachkräftemangel. In: Personal, Heft 05/2002, S. 44-49.

Winsen, C. (1999). High Potentials. Wie komme ich in die Führungsauswahl? Mentoring und Coaching, Regensburg/Düsseldorf.

Zimbardo, P. G. & Gerrig, R.J. (2004). Psychologie. 16. Aufl. München: Pearson.